シリーズ〈日本語探究法〉小池清治=編集　8

日本語史探究法

小林賢次　[著]
梅林博人

朝倉書店

——— 編集のことば ———

　本シリーズは国語学・日本語学の分野で卒業論文を作成しようとする日本人学部学生および留学生，さらに，広く日本語を研究対象とする人々に対して，日本語に関する基礎的知識および最新の知識を提供するとともに，その探究方法についての指針を具体的事例研究を通して提示することを目的とし，大学・短期大学における国語学・日本語学の教科書および演習用のテキスト，または卒業論文作成指導の際の便を図るものとして編集しました。
　各事例は，基本的には次のように構成されています。
1. タイトル：日常の言語生活において疑問に感じる言語事象を，平易な疑問文の形で提示した。
2. 【　　】：卒業論文作成の参考となるよう，研究ジャンル名を提示した。
3. キーワード：事例研究をするうえにおいて，重要な用語をキーワードとして提示した。
4. 本　　文：レポート，論文の書き方の一例として，事例研究を提示した。
5. 発展問題：演習やレポートの課題として利用されることを想定して，ヒントとなる類似の事例をいくつか例示した。
6. 参考文献：課題を学習するうえで基本となる文献を列挙した。これらの文献を参照し，それを端緒としてさらに拡大し，掘り下げられることを期待する。

小 池 清 治

はじめに

　本書は，日本語の歴史に関する基本的な事項を解説するとともに，日本語史を学び，研究していくための実践例を示し，研究テーマの設定の仕方や研究方法を体得してもらうことを意図したものである。

　分野としては，文法と語彙を中心として扱い，敬語や文体の分野にも及んでいる。主として前半部では基礎的・基本的な事項について理解が得られるように一般的なテーマを選び，後半部（特に第9章以降）では個別研究として具体的な問題を扱った。古代語から近代語に至るさまざまな事象を対象としてとらえ，特に，現代日本語がいかにして成立してきたのか，現代語とのつながりを重視する視点を明確にした。すなわち，歴史的な観点から現代語の諸問題をとらえる目を養うことを一つの目標にしている。日本語の歴史を探るという行為は，現代の生きたことばとのかかわりなしに成り立つものではありえないのである。

　第3章，第5章，第11章，第13章の計4章は梅林博人が担当し，その他の章は小林賢次が担当した。第8章，第9章，第12章は小林，第13章は梅林の既発表論文をもとにして，本書にふさわしい内容になるように書き改め，研究の実践例として示したものである。発展問題にも意を用いており，積極的に取り組んでもらいたい。なお，用例の底本の表示は省略した場合がある。必要な場合は，参考文献欄に示した著者の既発表論文（著書）で確認していただきたい。

　読者の皆さんが，本書からさまざまな研究のヒントを発見し，また，具体的な方法を学んで自ら発展させていかれることを期待する。

2005年1月

小　林　賢　次
梅　林　博　人

目　　次

第1章　「古代語」から「近代語」へは，いつ，どのように変わったのか？
　　　　………………………………………………………………………1
　　　　［日本語史，時代区分］

第2章　古代語で9種類あった動詞の活用形式が，現代語ではなぜ，
　　　　どのようにして5種類になったのか？　………………………11
　　　　［文法史，動詞の活用］

第3章　「係り結び」は，現代語ではなぜなくなったのか？　………18
　　　　［文法史，構文］

第4章　古代語の推量の助動詞「らむ」，「けむ」，「まし」，「めり」などは，
　　　　なぜ現代語に残らなかったのか？　………………………………28
　　　　［文法史，助動詞，モダリティ］

第5章　「いとやむごとなき際にはあらぬが……」（『源氏物語』桐壺）の
　　　　「が」は，接続助詞ではないのか？　……………………………38
　　　　［文法史，助詞史］

第6章　古典（文語）文法の「已然形」は，現代語（口語）文法では，なぜ，
　　　　どのようにして「仮定形」と呼ばれるようになったのか？　………49
　　　　［文法史，条件表現，活用形］

第7章　「知らざあ言って聞かせやしょう」（歌舞伎「白浪五人男」）の「ざあ」とは何か？ …………………………………………………58
　　　　［文法史，助詞助動詞］

第8章　形容詞の否定表現「山高からず」は，どうして現代では「山が高くない」と言うようになったのか？ ………………………66
　　　　［文法史，否定表現，断定表現］

第9章　「飛び上がらんばかりに（驚いた）」は，飛び上がりそうになったのか？ ………………………………………………………80
　　　　［助詞助動詞，慣用句］

第10章　頭部をさすことばには，なぜ「あたま」のほかに「かしら」，「こうべ」，「くび」といろいろあるのか？ ………………94
　　　　［語彙史，類義語］

第11章　芭蕉の「旅」は，現代の「旅」と同じか？ ……………102
　　　　［語彙，意味］

第12章　「真っ赤な嘘」は，本当に嘘が赤いのか？ ……………112
　　　　［語彙，慣用句］

第13章　「京都，大阪，そして神戸。そこには全然新しい世界があった。」古語とはいえない身近な表現は，日本語史の探究とは無関係か？ ……………………………………………………124
　　　　［文法，接続詞，近代語史］

第14章　敬語「おっしゃる」，「いらっしゃる」は，どのようにしてできたことばか？ …………………………………………134
　　　　［語彙，敬語史］

第15章 デス・マス体は，いつから，どのようにして広まったのか？ …142
　　　　［文体史，丁寧語］

索　　引 ………………………………………………………………151

第1章 「古代語」から「近代語」へは,いつ,どのように変わったのか?

【日本語史,時代区分】

キーワード:日本語史,時代区分,古代語,近代語

1. 日本語史の時代区分とは

　文法を学ぶとき,現代語についての「現代語(口語)文法」に対して,古典語の場合は,「古典文法」とか「文語文法」と呼ばれる。この場合の「古典」は,「古文」とほぼ同義語で,平安時代の和文を基準としたものではあるが,特定の時代を表したものではない。では,日本語そのものの歴史をたどる上で,「古代語」あるいは「近代語」というのは,どのようにとらえられるものだろうか。

　一般に,日本語史(国語史)の時代区分は,次のようになされることが多い。これは,政治的・社会的変動を基盤とする日本史学と共通する時代概念をあてはめたものであり,文学史の時代区分ともほぼ共通のものとなっている(ただし,中世末期の安土・桃山時代を特に区別せずに室町時代に含めたりしており,あくまでも言語の変遷そのものに着目したとらえ方をしたものである)。

　　奈良時代およびそれ以前(上代)
　　平安時代(中古)
　　鎌倉・室町時代(中世)
　　江戸時代(近世)
　　明治時代以降(近代・現代)

　こうした,各時代ごとのとらえ方は,それなりの意味があり,それぞれの時

代的な特色を把握しやすくなっていることは確かである。日本語の起源に関する研究は、文献の時代をさらにさかのぼるものとなる。奈良時代の場合をみると、上代特殊仮名遣いの名で呼ばれる音節の体系が、平安時代以降とは異なっていたことが知られる。また、動詞や形容詞の活用体系、助詞や助動詞の種類、その文法的な性格なども、次代の平安時代とは異なる点があった。

　平安末期、院政時代には新しい変化が目につくようになり、『今昔物語集』などの説話集には、平安和文とは語彙や語法の上で相違する点が多く現れている。このため、院政期を中世のはじまりとして位置づけ、鎌倉時代と一緒にして、院政・鎌倉時代と呼ぶ見方も有力である。また、鎌倉時代から室町時代に移るころには、大きな言語変化が生じており、近世、江戸時代に入ると、現代語の体系に大きく近づいたものになってくる。

　このように、それぞれの時代を限定し、体系をとらえようとする共時的な研究の方法もある。ただし、言語変化は、それぞれの事象ごとにさまざまな形で生じており、政治史的な変動がそのまま言語変化に直結するものでないことは確認しておかなければならない。

2. 古代語から近代語へ

　一方、日本語史の流れを、もっと大きく括る見方がある。それが、「古代語」と「近代語」とに二大別するとらえ方である。

　では、その区切りとなるのはいつの時代であろうか。実は、この答えはそう簡単ではない。音韻的な変化、文法的な変化、語彙や文体的な変化と、それぞれ独自の問題があり、またそれぞれについてみていくと、ある変化は平安時代末期の院政時代あたりから生じているし、また、ある事項に関してはのちの江戸時代、あるいは明治に入ってからの変化という場合もあって、一様にはとらえられないからである。

〔音韻の変化〕

　音韻史にかかわるものとして、平安時代の中期につくられた「いろは歌」を見てみよう。これは、音節文字である仮名のすべてを、重複しないように網羅した一覧表である（左側は意味を無視して7音に区切ったもの。右側は「今様

体の歌の形にしたもの)。

いろはにほへと	色は匂へど
ちりぬるをわか	散りぬるを
よたれそつねな	わが世誰ぞ常ならむ
らむうゐのおく	有為の奥山
やまけふこえて	今日越えて
あさきゆめみし	浅き夢見じ
ゑひもせす	酔ひもせず

　音節の一覧という点では，五十音図とも共通するところがある。もともと音義書(おんぎしょ)(仏典に用いられた漢字の音などを抜き出し，注記した書物)などに載っていることからも知られるように，学問的な世界から生まれたものである。清濁を区別しない47（現代では45）の仮名で成り立っているが，これは，現在では用いられない「ゐ」「ゑ」を含み，「い」[i] と「ゐ」[wi]，「え」[e] と「ゑ」[we] が，「お」[o] と「を」[wo] 同様に区別されていたことによる。また，現在の共通語では発音の区別ではなく仮名遣いの問題となっている「四つ仮名」の区別，すなわち，「じ」と「ぢ」，「ず」と「づ」も当然区別して扱われている。

　図1は，承暦3（1079）年成立の『金光明最勝王経音義(こんこうみょうさいしょうおうぎょうおんぎ)』に載っているもので，現存最古のいろは歌である。大小二種の万葉仮名を使い分け，声点(しょうてん)（アクセント）を付している。

　いろは歌と同様の音節の一覧としては，「あめつちの詞」と「たゐにの歌」があり，これらの方がいろは歌に先行していたらしい。「あめつちの詞」は，歌人・学者として名の高い源　順(みなもとのしたごう)（911-983）の家集

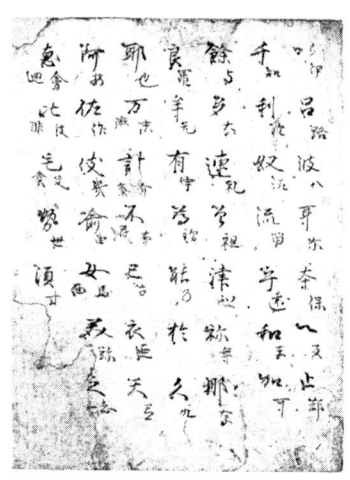

図1　現存最古のいろは歌（大東急記念文庫蔵。『古辞書音義集成』汲古書院による）

『源順集』に見える（和歌の最初と最後の文字を「あめつち……」の順に揃えた48首の沓冠歌(くつかむり)になっている）。

あめ（天）つち（地）ほし（星）そら（空）やま（山）かは（川）
みね（峰）たに（谷）くも（雲）きり（霧）むろ（室）こけ（苔）
ひと（人）いぬ（犬）うへ（上）すゑ（末）ゆわ（硫黄）さる（猿）
おふせよ（生ふせよ？）えのえを（榎の枝を？）なれゐて（馴れ居て？）

「おふせよ」以下は，それまでのように名詞として解釈するのは困難になってくる。これは，要するに，2音節名詞をあてて作成したものだが，最後の方になると，適切な語をあてはめることが困難になり，やや無理な引きあてを行ったためであろう。「え」の仮名が重出して48文字になっている点が重要である。これは，上代から中古のはじめまで，ア行のエ［e］とヤ行のエ［je］（［j］はヤ［ja］，ユ［ju］，ヨ［jo］と共通の半母音）が，音韻として区別されていたことを反映するものと考えられている。

なお，源為憲(ためのり)（－1011）の『口遊(くちずさみ)』に見える「たゐにの歌」は，次のように脱落しているとみられる「於」を補うと，いろは歌と同じ47文字からなるが，最後の箇所を「得船繋けぬ〔江〕」と解釈し，もとの形では48音節の区別があったのではないかとする見解もある（小倉 肇[3]など参照）。

大為尓伊天奈徒武和礼遠曽支美女須止安佐利〔於〕比由久也末之呂之
宇知恵倍留古良毛波保世与衣不祢加計奴
（田居に出で　菜摘む我をぞ　君召すと　求食り追ひ行く　山城の
うち酔へる子ら　藻葉干せよ　得船繋けぬ）

五十音図とともに，いろは歌などは，日本語の音韻史を明らかにするための貴重な資料として位置づけられる。

平安末期から鎌倉時代にかけて，これらの音節に音変化が生じ，さまざまな音の混同がみられるようになる。「い」と「ゐ」，「え」と「ゑ」，「お」と「を」，それぞれの発音の区別が失われ，統合すると，音節数は減少することになる。

2. 古代語から近代語へ

そうして，これらの仮名の相違は，単に仮名遣いの問題として意識されるようになった。

また，さらに時代が下り，室町時代末期から江戸時代においても，前述した「四つ仮名」の混同や，開合と呼ばれる開長音［ɔː］と合長音［oː］の混同など，大きな変動が生じている。

〔文法面の変化〕

文法的な変化としては，まず，動詞などの活用体系の変遷があげられる。早く院政時代のころからの連体形終止法の発達によって，ラ変動詞が四段活用動詞に吸収され，ナ変動詞も，四段化の道を進む。また，上二段・下二段という二段活用動詞は，一段化傾向を見せる。ただし，その萌芽的な例は中世の初頭から見えるものの，一段化が本格的に進行したのは江戸時代に入ってからのこととみられる（第2章参照）。また，係り結びの崩壊などにより，基本的な構文関係にも変動が生じている（第3章参照）。

古代語と近代語の文法的な相違点としては，さらに，主格（ガ・ノ）・目的格（ヲ）など，近代語における格表示の発達をあげることができる。また，近代語においては，接続詞・接続助詞が発達し，文と文との接続を，より論理的に表現しようとする傾向が強くなってきていることも注目される。そうした変遷は，一挙に生じたものではなく，それぞれの事項ごとにとらえる必要があるが，さまざまな推移が積み重なることによって，文法体系も大きく変動し，その結果が，古典文法（文語文法）と現代語文法（口語文法）という枠組みで示されるものとなっているのである。

敬語，待遇表現も，近代語において，聞き手めあての敬語（丁寧語，対者敬語）が発達し，古代語の敬語の体系とは大きく異なったものとなってくる（第15章参照）。

〔口語文献〕

中世後期，室町時代になると，当時の口語を多く反映しているとみられる文献，いわゆる口語資料が多く現れ出し，口語の変遷をたどることが可能になってくる。その一つとして，室町時代には，漢籍などを講義し，その講義を聞書

きした抄物が多く残されている。講義をする人（講者）が，手控えとして書き記したものは，文末が断定の「ナリ」などで終止するため，ナリ体の抄物と呼ばれる。これに対して，講義を聞いた人がその内容を書き留めた場合には，話しことばを反映していることが多く，文末に「ゾ」を用いて相手に語りかける形をとるため，ゾ体の聞書き抄物と呼ばれ，口語資料としての価値が高い。のちにはそれが一種の文体として通用するようになった。『漢書抄』，『史記抄』などの歴史書，『論語抄』，『毛詩抄』（『詩経』の抄）などの経典，さらには仏典や『日本書紀抄』などの国書に至るまで，清原家などの学者や五山の学僧などによる多くの抄物が残されている。また，鎌倉五山等で，曹洞宗の学僧などによって講じられた東国系抄物は，中世から近世にかけての東国方言が反映されたところがあり，貴重である。

　室町時代の末期になると，イエズス会（のちにはドミニコ会も）の宣教師たちが来日し，長崎や天草などでキリスト教の布教活動を行った。その際，宣教師たちのための日本語教科書あるいは宗教書として多くの文献が作成された。キリシタン文献（資料）と呼ばれるものであり，版本として刊行されたもののほか，写本で伝わるものも多い。

　日本語学習のためのテキストとして編まれた天草本の『ヘイケ物語』，『エソポ物語』，『金句集』の3部作（1593年合冊で刊行）などは，当時の話しことばを学習するためのものであるため，基本的に当時の口語（都のことば，すなわち京都の話しことば）で綴られている。より高度の学習に入ると，宗教的な内容を説くものなどが多くなり，文語体で綴られたものも刊行されている。話しことばの学習を出発点として，上級のレベルともなると，候体の書簡文など，漢字仮名交じりの文語体の文章の学習にまで発展させているのである。

　また，室町時代に能とともに発達した狂言のことばは，もともとその当時の口語で演じられるものであった。時代が下るとともに，舞台言語として伝承され，整えられたものになってくるが，室町時代から江戸時代にかけての口語の変遷をよく反映したものとなっている。ただし，古く室町時代においては，台本が整えられておらず，現存する台本のほとんどは，江戸時代に入り，大蔵流，鷺流（明治初年に宗家は廃絶），和泉流という流儀の意識が強くなったころに，それぞれの家の狂言を伝承するために，せりふを書き留めるようになったもの

2. 古代語から近代語へ

である。

その他，平曲などに代表される軍記物語や，室町時代の物語（広義の御伽草子）などでも，特に会話文には，口語的表現が散見される。また，『閑吟集』（かんぎんしゅう）(1518) など当時の歌謡や，幸若舞（こうわかまい），説経（せっきょう）浄瑠璃など，中世から近世にかけての口承芸能も，口語的・俗語的表現の宝庫である。

こうした諸種の資料によって，室町時代のことばの特色が明瞭にとらえられるようになってきている。大きく古代語と近代語とを対比させることによって見えてくる面が大きいのである。

次の文章は，キリシタン版の『天草本ヘイケ物語』と，その原拠に近いとされる『覚一本平家物語』（かくいちぼん）（日本古典文学大系）とを対比したものである。天草本の編者として，日本人イルマン，不干（ふかん）ハビアン（禅宗の僧で，キリシタンに改宗。のちに棄教）の名が見える。原拠となった『平家物語』を特定することはできていないが，天草本の巻2の1「祇王」までは覚一本に，それ以後は百二十句本（特に，漢字片仮名交じりの慶応大学斯道文庫本）の本文に近いと言われている。文語文を基本とする『平家物語』を，当時の話しことばにやわらげて，日本語学習のテキストとしたものである。

○清盛ヤガテ出ヤウテ祇王ガ心ノウチヲバ御知（ギワウ）リナウテ，「イカニ祇王，ソノノチ何事カアル？　サテワ仏（ホトケ）御前（ゴゼ）ガアマリツレヅレゲニ見ユル，ナニカ苦シカラウ？　マヅ今様ヲ一ツ歌エカシ」ト，言ワレタレバ，祇王参ルホドデワトモカウモ清盛ノ仰セヲソムクマイト思イ，落ツル涙ヲヲサエテ今様ヲ一ツ歌ウタガ，ソノコトワリ時ニアタッテ似ヤウテアッタレバ，ソノ座ニ並ミイラレタ平家ノ一門ノ人々ミナ涙ヲ流（ナ）サレタ。

（天草本ヘイケ・巻2・1，祇王清盛ニ愛セラレタコト）〔原文はローマ字〕

○その後入道，祇王が心のうちをば知り給はず，「いかに，その後何事かある。さては仏御前があまりにつれづれげに見ゆるに，今様ひとつ歌へかし」とのたまへば，祇王，まゐる程では，ともかうも入道殿の仰せをば背くまじと思ひければ，落つる涙をおさへて，今様ひとつぞ歌うたる。

　　仏もむかしは凡夫（ぼんぶ）なり我等も終（つひ）には仏なり

いづれも仏性具せる身をへだつるのみこそ悲しけれ
　と，泣く泣く二遍歌うたりければ，その座にいくらもなみゐたまへる平家
　一門の公卿・殿上人・諸大夫・侍に至るまで，皆感涙をぞ流されける。
　　　　　　　　　　　　　　　　　　　　　　（覚一本平家・巻一・祇王）

　天草本では今様の詞章が省略されているほか，原拠本の本文を適宜取捨して口語に訳していることが知られよう。「知り給はず」を「御知リナウテ」としたり，「のたまへば」を「言ワレタレバ」に，「皆感涙をぞ流されける」を「ミナ涙ヲ流サレタ」にというように，対比的にとらえられるところがあり，これらの多くは，原拠本の文語的な表現を口語に置き換えたものとなっている。

　文法的な面では，過去の助動詞「けり」や「き」が「たり」や「た」に，また，打消推量の助動詞「まじ」が「まい」に交替している姿が映し出されている。「今様ひとつぞ歌うたる」という係り結びの表現が，天草本では「今様ヲ一ツ歌ウタガ」と，通常の叙述になっている点も注目される。「ソノコトワリ時ニアタッテ似ヤウテアッタレバ」は，今様を省略した代わりに，状況説明の文を添えたものであろう。

　こうした文献のさまざまな表現の特色をみると，室町時代の日本語が，平安時代以来の和文の流れとは大きく異なり，近代の日本語につながるものとなっていることが理解されるであろう。

3. 分析的傾向の発達

　近代語の大きな特色として，分析的表現の発達ということが言われることがある。阪倉篤義などの論及があったが，田中章夫[9]は，それを一歩進め，古代語から近代語への推移において，次のような大きな傾向が認められることを指摘している。

① 整理：　ある表現をになう表現単位の種類が少なくなってきた。
② 単純：　個々の表現単位の意味や機能が，限られた，狭いものになり，一般に表現内容が単純になってきた。
③ 分散：　複雑な表現をする場合には，その表現内容を，いくつかの単純

なブロックに分けてしまって，単純な表現単位のコンビネーションによって表すようになってきた。

　たとえば，「けむ」という古代語の助動詞は，過去の事態の推量を表す。これに対して，現代語では，「……シタ（……ダッタ）」＋「ダロウ」というように，過去を表す単位と推量を表す単位という形で，別々の単位の組み合わせで表すようになる。「じ」や「まじ」なども同様というものである（第4章参照）。そうした推移は，古代語と近代語という大きな枠組みでもとらえられるが，また，江戸語から現代語へという言語変化にも適用して考えられるという。

　重要な指摘であるが，「分析的傾向」の発達が著しいのは，田中自身が述べているように現代共通語の場合であり，さまざまな方言における広がりを観察すると，一様にはとらえがたいところもある。今後の課題として，現代共通語に関して考える場合でも，歴史的な視点とともに，方言における地理的な広がりをも視野に入れた，総合的な観察を行っていくことが必要であろう。

■ 発展問題

(1) 天草本の『エソポ物語』（翻刻，影印など各種あり。近年のものでは，大塚光信・来田 隆編『エソポのハブラス　本文と索引』（清文堂出版，1999）がある）に対し，江戸時代の初期に仮名草子として刊行された国字本の『伊曾保物語』（日本古典文学大系『仮名草子集』などに翻刻）がある。両者に共通する話を取り出し，用語や文体を比較してみよう。

(2) 「いろは歌」は日本人の生活の中でどのように利用されてきたか，また，五十音図との関係はどのようにとらえられるか。小松英雄[5]や小松茂美『かな―成立と展開―』（岩波新書，1968）などを参考にして，調べてみよう。

(3) 推量や意志のモダリティ表現，過去や完了のテンス・アスペクト表現，疑問表現，断定表現，否定表現など，テーマをしぼって古代語と近代語の表現形式を比較し，田中章夫[9]を参考に，近代語がどのように分析的な表現になっているか考察してみよう。

■参考文献

1) 大野　晋ほか編『日本語の世界（全16巻）』（中央公論社，1980-1983）
2) 大塚光信『抄物きりしたん資料私注』（清文堂出版，1996）
3) 小倉　肇「〈大為尓歌〉再考―〈阿女都千〉から〈大為尓〉へ―」（『国語学』第54巻1号，2002）
4) 亀井　孝ほか編『日本語の歴史（1～7・別巻）』（平凡社，1963-1966）
5) 小松英雄『いろはうた―日本語史へのいざない―』（中公新書，1979）
6) 小松英雄『日本語はなぜ変化するか―母語としての日本語の歴史―』（笠間書院，1999）
7) 阪倉篤義『文章と表現』（角川書店，1975）
8) 阪倉篤義「国語史の時代区分」（『講座国語史1　国語史総論』大修館書店，1977）
9) 田中章夫「近代語成立過程にみられるいわゆる分析的傾向について」（『近代語研究』第1集，武蔵野書院，1965：『近代日本語の文法と表現』明治書院，2001所収）
10) 馬渕和夫『五十音図の話』（大修館書店，1993）
11) 宮地敦子「国語史における時代区分」（『身心語彙の史的研究』明治書院，1979）
12) 柳田征司『室町時代の国語』（東京堂出版，1985）
13) 山内洋一郎『活用と活用形の通時的研究』（清文堂出版，2003）
14) 山口明穂編『国文法講座5　時代と文法―近代語』（明治書院，1987）
15) 山口明穂『国語の論理―古代語から近代語へ―』（東京大学出版会，1789）

第2章　古代語で9種類あった動詞の活用形式が，現代語ではなぜ，どのようにして5種類になったのか？

【文法史，動詞の活用】

キーワード：変格活用，連体形終止法，二段活用の一段化

1. 古代語と現代語の活用体系

　古典文法（文語文法）で示される古代語の動詞の活用表を見ると，9種類の活用形式が載せられている。現代語の場合と対比して示すと，次のとおりである。

〈古代語〉　　　　〈現代語〉
四段活用　　　　　五段活用
上一段活用　　　　上一段活用
上二段活用　　　　下一段活用
下一段活用　　　　カ行変格活用
下二段活用　　　　サ行変格活用
カ行変格活用
サ行変格活用
ナ行変格活用
ラ行変格活用

　現代語では，上二段活用と下二段活用が消え，変格活用では，カ変とサ変のみが残って，ナ変とラ変が消えてしまっている。このような動詞の活用形の体系の変動がなぜ，どのようにして生じたのか，考えていくことにしよう。
　まず，注意したいのは，「四段活用」と「五段活用」という名称の変更は，

活用体系の実質的な変動ではないことである。四段活用の「書く」の活用のうち，未然形〈書か〉は，「書かず」，「書かば」，「書かむ」のように用いられていたが，「書かむ」の発音はkakau＞kakɔː＞kakoːのように音変化することになった。このため，歴史的仮名遣いの上では「書かう」であるが，実際の発音により近づけた現代仮名遣いでは「書こう」の形をとることとしたため，未然形に〈書か（ない）〉と〈書こ（う）〉という二つの形が並び，（a・i・u・e・o）という五段が揃ったとみるところからの命名である。

このような母音の交替による活用体系に対し，上二段活用（i・i・u・uru・ure・iyo），下二段活用（e・e・u・uru・ure・eyo）のように，二段活用，あるいは一段活用の場合は，母音のあとに「ル」，「レ」が語尾として添加されている。江戸時代の歌学・文法学者富士谷成章（1738-1779）は，このような連体形「…る」の形を「靡」，已然形「…れ」の形を「靡伏」のように呼んでいるが，四段動詞の類との体系的な相違を明確にとらえた，巧みな命名である。「靡」という術語は現代でもしばしば使用されることがある。

図2は安永2（1773）年成立，同7年刊『あゆひ抄』の「大旨」に示された「装図」と呼ばれる活用体系表である。詳細は省略するが，「孔」（ラ変動詞）の連体形にあたる「引」には平仮名「る」をあて，「靡」には片仮名「ル」をあてるなど，相違を明示していることが知られる。

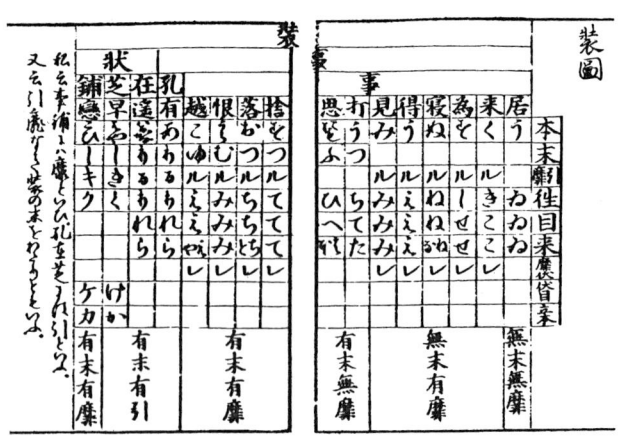

図2 活用体系表「装図」

2. 連体形終止法の発達について

　動詞の活用体系の変動に大きな影響を与えたものとして，まずあげられるのは，連体形終止法と呼ばれる現象である。四段活用は終止形と連体形が同一の形態をとっていた。しかし，二段活用や変格活用においては，終止形と連体形とは，形式上明確に区別されていた。第3章で取り上げるように，平安時代までにおいては，文が連体形で終止するのは，係り結びの場合が原則であり，それによって独特の表現効果をあげるものであった。ただし，もともと和歌では連体形止めの形により，言い切らずに余情を表す詠嘆的な用法があった。また，平安時代においても，会話文では，

　①「雀の子をいぬきが逃がし<u>つる</u>〈＝イヌキ（人名）ガ逃ガシチャッタ〉。伏籠（ふせご）のうちにこめたりつるものを」　（源氏・若紫）〔幼い若紫のことば〕
　②「人の語りしやうにては，さるやうもや侍らむと，似つかはしく思ひ給へ<u>らるる</u>〈＝似ツカワシク思ワレマス〉。」　　　　　　　　　　（同・手習）

のように，連体形止めの形により，断定的に言い切らずに感情を込めたり，疑問文で，相手に持ちかけたりする気持ちを表す場合があった。

　ところが，院政・鎌倉時代になると，係り結びの形をとらない場合でも，連体形で終止することが次第に多くなる。山内洋一郎[12]は，古代語の〈主語＋格助詞なし＋終止形終止〉の文に対して，〈主語＋「の・が」＋連体形終止〉の文の発達として，この現象を位置づけている。また，小池清治[4]は，従来からの詠嘆的用法・疑問的用法のほかに，院政期の『今昔物語集』などにおいて，解説的叙述の箇所に連体形終止法が多用されること，その表現は「ぞ」や「なむ」を用いた係り結びの表現と関連するものであることを指摘している。連体止めの形をとることによって，もともとは連体法としてのニュアンスをかもし出していたのであるが，やがて，その形が通常の終止法として意識されるようになったものである。

　なお，このような連体形終止の発達がなされた理由として，坪井美樹（よしき）[8]は，たとえば「つく」（付，着）の例で言えば，終止形に関しては四段活用と下二段活用の区別がつかないところから，下二段の終止形を「つくる」（のち，一段化により「つける」）の形にすることにより，形態の示差性を高めようとする動きとしてとらえるべきだという見解を提出している。そうした言語の機能

的な面からの把握も必要であろう。

　こうして，もともと終止形「あり」と連体形「ある」との相違によって変格活用として位置づけられていたラ変の動詞，すなわち，「あり」を中心とする「をり」，「はべり」などは，その独自性が失われ，室町時代の口語に至ると，ラ変動詞は四段活用に吸収されることになる。

　また，ナ変の「死ぬ」，「往ぬ」は，未然形・連用形・終止形・命令形が「死な（ず）・死に（たり）・死ぬ〈止〉・死ね〈命〉」という四段型で，連体形と已然形が「死ぬる（とき）」・「死ぬれ（ば）」と下二段型の活用をするという混合形式であったが，近世に入ると，連体形や已然形も「死ぬ（とき）」・「死ね（ば）」のように活用するようになって四段活用に吸収され，次第に変格としての性格を失っていく。なお，ナ変の四段型は，もともと古くからあった活用形とみるべきだという考えも提出されていて注目される（山内洋一郎[14]）。

3. 二段活用の一段化

　中世に入ると，二段活用の一段化現象が進行する。これは，古典語において〔Ⅰ〕の活用体系であったものが，連体形終止法の発達により，〔Ⅱ〕の形に転じ，その i 段と u 段，e 段と u 段という関係が，それぞれ i 段（上一段）と e 段（下一段）に統一した〔Ⅲ〕の形式を目指すようになったものとして位置づけられる。

〔Ⅰ〕

基本形	語幹	未然形	連用形	終止形	連体形	已然形	命令形
起く	起	き	き	く	くる	くれ	きよ
捨つ	捨	て	て	つ	つる	つれ	てよ

〔Ⅱ〕

起くる	起	き	き	**くる**	くる	くれ	きよ
捨つる	捨	て	て	**つる**	つる	つれ	てよ

〔Ⅲ〕

起きる	起	き	き	きる	きる	きれ	きろ きよ
捨てる	捨	て	て	てる	てる	てれ	てろ てよ

　一段化現象に関しては，二段に活用するという複雑な体系から，一段に統一するという，体系的な推移という面が大きいであろう。連用形「起き」，「捨て」などと終止・連体形「起きる」，「捨てる」の活用語尾が共通の形態をとり，より単純な安定した体系に移行したものである。

　ところで，上二段活用が上一段に移行すると，もともと上一段活用であった「着る」，「似る」，「干る」，「見る」，「射る」，「居る」などの語群と，二段活用から転じた「落つ」，「生く」などの語群とは，その区別を失うに至る。これに対して，下二段活用の一段化の場合は，やや性格が異なる。それは，もともと下一段活用の語としては，「蹴る」一語のみであり，「け（ず）・け（たり）・ける……」のように活用していた（ただし，『日本書紀』の訓注に「クヱ」とあり，これを下二段活用とみる立場もあるが，[kwe]という漢字音の流入による語形と考えるべきであろう。いずれにしても問題のある活用形式である）。その「蹴る」は，近代語においては，「けら（ない）・けり（ます）・ける……」のように，四（五）段活用に吸収されている。すなわち，「蹴る」そのものは，四段活用に自身の所属を移しているのである。なお，現代でも，「蹴飛ばす」，「蹴散らす」など，複合動詞の形では，連用形「け」が用いられることがある。複合形式の中に古い活用形が残存したものである。

4. まとめ

　以上，冒頭の活用体系を再掲し，古代語から近代語への推移を表示すると，次のようになる。このような動詞の体系の変動は，当然助動詞の類にも及び，また，ラ変の「あり」が四段化したことによって，形容詞の補助活用や形容動詞の活用体系にもさまざまな影響を与えることとなった。

〈古代語〉　　　　　　　　　〈現代語〉

四段活用（例：書く）　　──▶五段活用（例：書く，死ぬ，ある，蹴る）
ナ行変格活用（例：死ぬ）──╱╱▲
ラ行変格活用（例：あり）──╱╱

上一段活用（例：見る）　　──▶上一段活用（例：見る，起きる）
上二段活用（例：起く）　　╱

下一段活用（例：蹴る）　　╱　▶下一段活用（例：捨てる）
下二段活用（例：捨つ）　　╱

カ行変格活用（例：来）　　──▶カ行変格活用（例：来る）
サ行変格活用（例：す）　　──▶サ行変格活用（例：する）

■ 発展問題

(1) 江戸時代の文法研究，特に活用の研究の歴史について，富士谷成章，本居宣長，本居春庭，鈴木朖（あきら），義門（ぎもん）などの業績を，国語学史の概説書（最近のものでは，馬渕和夫・出雲朝子[10]）などで調べてみよう。

(2) 近世初期の狂言台本，大蔵虎明（とらあきら）本（寛永19〈1642〉年書写）などにおいては，二段活用の一段化は，それほど進んでいない。では，のちの台本（日本古典文学大系（岩波書店）所収の大蔵流山本東（あずま）本など）ではどうだろうか。また，現在の大蔵流や和泉流の舞台ではどのように用いられているだろうか（「落つる」と言うか，「落ちる」と言うかなど）。狂言鑑賞の機会があったら，せりふに注意して聞き取ってみよう。

(3) 二段活用が一段化したといっても，そのような変化が一時期に一斉に生じたものではなく，江戸時代に入ってからも，なお両形が共存していた。近松門左衛門の世話浄瑠璃（全集・用語索引のほか，日本古典文学大系〈岩波書店〉，日本古典文学全集〈小学館〉に所収）などで，その使用状況を調べてみよう（参考：坂梨隆三[6,7]）。

(4) 「飽きる」，「生きる」，「借りる」などは，現代共通語では上一段活用の語であるが，古代語では活用の仕方が異なっている。こうした語は，どのように

活用が変わったのか,『日本国語大辞典』や大型の古語辞典などで調べてみよう。

(5) 動詞「用いる」は,語源が「持ち率る」で,もともと上一段活用の語である。ところが,近世あたりには,これを「用う」あるいは「用ゆ」のように使うことがあった。これは,どのような現象なのか,考えてみよう。また,古語辞典などではどのように説明されているか,調べてみよう。

■ 参考文献

1) 尾上圭介『文法と意味　Ⅰ』(くろしお出版, 2001)
2) 川端善明『活用の研究　Ⅰ・Ⅱ』(大修館書店, 1978, 1979：清文堂出版, 1997増補再版)
3) 工藤　浩・小林賢次ほか編『日本語要説』第2章「古代語の文法・文法史」,第12章「日本語学史―文法を中心に―」(ひつじ書房, 1993)
4) 小池清治「連体形終止法の表現効果―今昔物語集・源氏物語を中心に―」(『国文学言語と文芸』54号, 1967)
5) 小松英雄『日本語はなぜ変化するか―母語としての日本語の歴史―』(笠間書院, 1999)
6) 坂梨隆三「近松世話物における二段活用と一段活用」(『国語と国文学』47巻10号, 1970)
7) 坂梨隆三『江戸時代の国語　上方語』(東京堂出版, 1987)
8) 坪井美樹『日本語活用体系の変遷』(笠間書院, 2001)
9) 蜂谷清人『狂言の国語史的研究―流動の諸相―』第7章「狂言台本に見る動詞の活用の特徴をめぐって」(明治書院, 1998)
10) 馬渕和夫・出雲朝子『国語学史―日本人の言語研究の歴史―』(笠間書院, 1999)
11) 柳田征司『室町時代の国語』(東京堂出版, 1985)
12) 山内洋一郎「院政時代の連体形終止」(『国文学攷』21号, 1959：『活用と活用形の通時的研究』清文堂出版, 2003所収)
13) 山内洋一郎「院政鎌倉時代における二段活用の一段化」(『国語学』88集, 1972：『活用と活用形の通時的研究』清文堂出版, 2003所収)
14) 山内洋一郎「ナ変動詞の通時相―ナ変の四段化はなかった―」(『国語語彙史の研究』21, 和泉書院, 2002：『活用と活用形の通時的研究』清文堂出版, 2003所収)
15) 山口佳紀「動詞活用の成立」(『国語と国文学』51巻12号, 1976：『古代日本語文法の成立の研究』有精堂, 1985所収)

第3章　係り結びは，現代語ではなぜなくなったのか？

【文法史，構文】

キーワード：終止形・連体形の合一化，係り結びの表現価値，言語変化の内的要因と外的要因

1. 係り結び——古代語にのみみられる語法

次の文章は，係り結びを含む『源氏物語』(帚木) の一節である。

　　さて，世にありと人に知られず，さびしくあばれたらむ葎の門に，思ひの外にらうたげならむ人の閉ぢられたらむ<u>こそ</u>限りなくめづらしくはおぼ<u>え</u><u>め</u>。いかで，はたかかりけむと，思ふより違へること<u>なむ</u>あやしく心とまるわざ<u>なる</u>。　　　　　　　　　　　　　　　　(源氏・帚木)
(さて，そんな人がいると誰からも知られず，寂しく荒れはてたような草深い家に，意外にも愛らしげな娘が引き籠っている，というようなことがあったら，それこそこれ以上すばらしく感じられることはありますまい。どうしてまたこんな所にと，意想外なだけになぜか心がひきつけられるものです。)

　　　　　　(阿部秋生・秋山　虔・今井源衛・鈴木日出男校注・訳
　　　　『源氏物語　新編日本古典文学全集』小学館，1994，p.60)

　文中の係助詞「こそ」，「ぞ」，「なむ」，「や」，「か」に呼応して，結びが已然形ないしは連体形となるいわゆる係り結びは，古代語にのみみられる現象で，現代語ではみることができない。したがって，それはいつのころにか衰退し，消滅したということになる。

　係り結びは，なぜ消滅したのだろうか。この語法は周知の語法ではあるが，

その消滅の理由の説明となると，それは必ずしも容易なことではなくなってくる。厳密なことを言い始めれば，なぜ滅んだのか，それはわからないということになってしまうのかもしれない。が，しかし，これまでに蓄積されてきた数多くの学恩に浴することで，そのような放言に終始するだけの状況には至らないですむように思われる。

　従来，この問題については，平安時代末から中世にかけて進行した「終止形・連体形の合一化」といわれる現象に要因をみる説をはじめとして，いくつかの見解が示されている。そこで，本章では，そうした先行研究を，一般的概説，言語変化の内的要因という観点から見解を述べるもの，言語変化の外的要因という観点から見解を述べるものという順序で概観し，係り結びの崩壊・消滅について考えてみることにする。

2. 係り結びの崩壊・消滅 (1) ——係り結びの「表現価値」とその逓減

まず，係り結びの崩壊・消滅について，一般的な概説をみることにしたい。

　　　係結びのうち，連体形で結ぶ「ぞ」「なむ」「や」「か」の場合は，平安時代末の終止形・連体形の合一化にともない，連体形終止の表現価値が失われて乱れが生じる。
　　　　常ニ葛木ノ山ト金峯ノ山トニ通テゾ御ケリ（『今昔物語集』一一の三）
　　　　泣ゝナム日本ノ和尚ヲ礼拝シケリ　　　　　　（同，一一の一二）
　　　　事ヲ語給ケルヲ聞テナム，此ノ国ノ人，「…」ト知ケレ
　　　　　　　　　　　　　　　　　　　　　　　（同，一四の四五）
　　　已然形で結ぶ「こそ」の場合は，平安時代早くに，已然形が続く意味を失った結果，後の文に続けるには結びとなる語の後に接続助詞が付くという言い方が始まることで乱れはじめる。
　　　　信濃なる園原にこそあらねども我がははきぎと今は頼まむ
　　　　　　　　　　　　　　　　　　　　　　（『後拾遺集』雑五・一一二八）
　　　　　　　　　　　　　　　（山口明穂ほか『日本語の歴史』[15]，p.64）

　ここで，引用中に出てくる係り結びの「表現価値」なるものを先行研究によ

って確認し，概説についての理解を深めることにしよう（大野[1]，阪倉[8]，山口[13]，小池[5] などに依拠することにする）。

○連体形：　体言に続くという意味をもつ形。そのため，文を連体形で終えた場合は，後に思いを残した余情のある表現となり，すべてを言い終えたという意味をもつ終止形に比べて，含みのある，柔らかみのある表現となる。
○已然形：　文を切らずに意味を後に続けるはたらきをもつ形。順接・逆接のどちらの場合にも使うことができた。
○「ぞ」，「なむ」：　ある物事を取り出して強める語。強めるというはたらきをするので，それについて説明する活用形は，言い切る意味の終止形ではなく，含みをもたせる意味の連体形になる。
○「や」，「か」：　疑問の対象となっていることを示す語。疑問を示すので，結びもはっきりとは言い切れないということになり，終止形にならず，含みをもった連体形となる。
○「こそ」：　いくつかの中から一つの事物を取り出し，それを強く指示する語。「こそ」の指示した事物とそれ以外との間に対比的な関係が生じるので，結びは，他と対比する意味のある已然形となる。

　係り結びには，これら係りの助詞と活用形との呼応によって，文の有している陳述（疑問なり，注釈なり，対比なり，卓立・強調なり，あるいは言い放ちなりという，話し手の言表事態に対する心的態度，聞き手への働きかけ）が強化されるという表現価値があったと考えられている。
　ところが，こうした表現価値が，活用形の機能の変化によって逓減していく。
　まず，連体形においては，平安時代末期に，言い切る語調の終止形よりも含みのある連体形が好まれるようになり，すでに行われつつあった次のような連体形終止法が拡大していく。

①「東の御方は，物詣でしたまひにきとか。このおはせし人は，なほものし

たまふや」など問ひたまふ。「しか。ここにとまりてなむ。心地あしとこそ物したまひて，忌む事受けたてまつらむとのたまひつる」と語る。

(源氏・手習)

② 命婦は，まだ大殿籠らせたまはざりけると，あはれに見たてまつる。

(同・桐壺)

③ など帝の皇子ならんからに，見ん人さへかたほならず物ほめがちなると，作り事めきてとりなす人ものしたまひければなん。　(同・夕顔)

　その結果，本来，終止形であるはずの文末に，続く形式である連体形が使われることが多くなり，通常の文でも連体形で終えることが多くなる。すると，連体形による終止が普通となって，文を連体形で終えても終止形で終えても違いがなくなってきてしまう。つまり，終止形と連体形の機能差があいまいとなってしまう。そうなると，係り結びによって連体形結びにしても，連体形特有の含みや柔らかみの意味が感じられにくくなるから，結びが連体形でも終止形でも頓着しなくなってしまう。こうしたところから，連体形結びの係り結びは崩壊していったと考えられている。

　一方，已然形では，先掲「信濃なる園原にこそあらねども……」のように，「こそ」の結びの已然形に接続助詞のついた表現が現れるようになる。接続助詞がつくということはすなわち，已然形が本来有していた接続の機能が弱くなってしまったことを示している。こうした用例が増え，已然形自体に後に続ける機能がなくなれば，「こそ……已然形結び」は単なる終止の表現と同じと感じられるようになってしまい，結びが已然形となることの意味が失われることになる。その結果，次のような結びの乱れが生じることとなる。

④ 女，「吉キ折節ニコソ参リ会候ニケリ。(後略)」

(今昔・二十の六)〔こそ……終止形止め〕

⑤ 此ノ国ニ王ノ在ツル時コソ，其ノ羽ニ隠レテ不被破レズシテ有ツル

(同・十の三十一)〔こそ……連体形止め〕

このようにして已然形結びの係り結びもまた崩壊していったと考えられる。

従来，係り結びの崩壊・消滅は，以上のような大筋で進行していったと考えられているのである。

3. 係り結びの崩壊・消滅（2）——新たな観点からの提言

　こうした，いわば基盤的ともいえるような大要のほかに，新たな観点からの提言もまたいくつかなされている。続けてみていくことにしよう。

（1）プロミネンスによる表現効果の代行
北原[3]は，係り結びにおける係助詞の特性を，
(a) 係りの助詞の意味的特性：「や」，「か」は疑問の意を表す。「こそ」，「ぞ」，「なむ」などは指示し強調する意を表す。
(b) 係りの助詞の構文的特性：特定の結びを要求してそれと呼応するといった，文末を規制する力がある。

と把握した上で，係り結びの衰退・消滅の理由を，係助詞の表す意味と構文との両面から考察している（(a)，(b)は本章筆者が論考によって要約した）。
　まず，(a)に絡んでは，次のように述べる。

　　いくつかの文の成分から構成される文の，ある成分を特別に指示したり強調したりする必要のあることは，昔も今も変らないはずである。思うに，現代語では，それを，多くの場合，プロミネンス［引用者補：文の一部に付け加えられてそこを強調する音声的な強まりや高まりをいう］で行っている。(中略)このプロミネンスの発達によって，係助詞「こそ」「ぞ」などが用いられなくなったと考えることができる。プロミネンスの発達については，これを実証することができないが，現代語において，「こそ」や「ぞ」を用いずにプロミネンスによって指示や強調をしていることは事実である。したがって，いつのころからか，現代語のように変ったということはいえるはずである。　　　　　　　　　　　(pp.265-266)

　次いで，(b)に関しては，
・いかなる所に<u>か</u>この木は候ひけむ。　　　　　　　　　　　　　　　（竹取）

──どういう所にこの木はあったのでしょう<u>か</u>。
・前の世にも御契り<u>や</u>深かりけむ。　　　　　　　　（源氏・桐壺）
　──前世にも御契りが深かったのだろう<u>か</u>。

などの例から，かつての文中の「か」，「や」は，現代語では文末に移行したと考えられるとみて，次のように述べている。

　　今，「か」や「や」の場合を参照すると，「こそ」や「ぞ」の場合も，それらによって表される指示・強調の意味はプロミネンスによって示され，構文的な側面は文末に移行したのではないかということが想像される。（中略）たとえば，
　　　よう<u>こそ</u>おぢやつれ。
　は，
　　　よく来ました<u>ねえ</u>。
　　　よく来た<u>ものだ</u>。
　というように，文末に移行する。「よく」を強調したいときには，プロミネンスによればいい。／こうして，係り性が一旦失われれば，それ以後に文中に用いられた「こそ」や「ぞ」はもはや指示・強調などの意味を表すだけで，文末を規制することはない。これが係り結びの消滅である。
　　　　　　　　　　　　　　　　　　　　　　　　　　　　　　（p.268）

　以上は，係り結びのになっていた表現効果は何によって代行されたのかという点をも含めて言及するもので，興味深いものがある。ただ，北原自身が述べるように，「プロミネンスの発達については，これを実証することができない」という点がある。また，この論考は，「こそ」，「ぞ」，「なむ」についての見解が中心とされているとみることができる。

(2) 係助詞の機能のとらえ直しと係り結びの衰退・消滅

　このほか，係り結びはセンテンスよりも上位のディスコースのレヴェルで機能する語法であるとする小松[6]は，「係助詞ゾが，<u>ヒトマズ</u>，ココデ切キルヨ（ママ），という予告であるのに対して，係助詞ナムの機能は，ココデ<u>大キク</u>切ルヨ，と

いう予告である。したがって，そのあとは，話題が転換するか，短い補足がそれに続くか，さもなければ，そこでディスコースが途切れている」(pp.242-243) と，係助詞の機能のとらえ直しを提唱し，その上で，係り結びの崩壊に関連して次の内容を述べている。

　　ゾ，ナムの係り結びが担う機能は，ココデ切ルヨと予告してディスコースの途中に断続を作り，その展開にメリハリをつけることであった。確かにそのメリットは大きかったが，デメリットもまた無視できないものがあった。それは，動詞句の末尾を終止形以外の活用形にする必要があったり，ココデ，キルヨと予告してしまったら，切らざるをえなくなることであった。／呼応関係でメリハリをつけることができる代償として大きな拘束を受けるよりも，終止形でふつうにセンテンスを終わり，そのあとに続くセンテンスの最初に適切な接続詞を置く方式のほうがはるかに運用しやすいことは明らかである。そのために，ディスコースの組み立てを接続詞承接型に切り替える方向がとられ，必要な接続詞がひととおりそろった段階で，日本語のディスコースはゾ(ママ)，ナムの係り結びから開放された。
　　　　　　　　　　　　　　　　　　　　　　　　　　　　(pp.247-248)

　「本居宣長以来，事実上，和歌だけを資料にしてその機能を明らかにできると考えてきた」(p.245) 従来的な研究姿勢への警鐘が込められている。これに従えばディスコース的分析成果の不足ということになろうから，「散文ならどれでもよいから，テクストを読んで，係り結びの機能を仮名文のリズムのなかで捉えてみていただきたい」(p.244) という言葉を受けつつ，接続詞承接型への切り替わりの様相を実例によってみていく作業が，今後，必要となってくるように思われる。

(3) 言語変化の外的要因からとらえる係り結びの崩壊・消滅

　また，係り結びの崩壊は「連体形の終止形同化」(本章でいう終止形・連体形の合一化) に起因するとみる小池[5]は，そこからさらに踏み込んで，その「連体形の終止形同化」が，なぜ発生し，拡大し，定着したのかという問題を，

言語変化の外的要因と内的要因という見地から次のように解説している。

> 「係り結び」の崩壊には外的要因と内的要因とが関与しました。／外的要因は，武士階級が台頭し，勢力を拡張し，やがて政権を獲得するという日本史の動きに関係するものです。それにともない，院政期以降，東日本方言話者が大量に都に流入し，アクセントの相違によって支えられていた四段活用の終止形と連体形との区別に混乱が生じてしまったのです。／内的要因は，連体形終止法の拡大です。連体形は係助詞「ぞ」「なむ（なん）」「や」「か」が先行する場合に終止法となるのが基本でありましたが，平安時代中期には，連体形の単独用法として，解説的用法，詠嘆的用法，疑問的用法を発達させました。／これら二つの要因が働き，院政期の口頭言語，話しことばにおいては，連体形の終止形同化という現象が進行します。／「ぞ」「なむ（なん）」にかかわる「係り結び」は，終止形と連体形の形態上の相違に依存するものでありましたので，連体形の終止形同化という現象は，「係り結び」の存続を揺るがすものになりました。　（pp.169-170）

　内的要因からの探究に偏る従来の研究に，外的要因の考慮という一石を投じるものである。ごく最近の論考であること，一般読者の理解をも配慮した記述であること，また，東日本方言の影響を助動詞「き・けり・つ・ぬ・たり・り・なり（伝聞）・めり・らむ・けむ」の消滅などとも絡めて広範に考案している様子のあることなどから，今後，補説や詳述もあるのではないかと予想される。

4. ま と め

　以上，係り結びの衰退・消滅について，さまざまな視点からの考察を参照しつつ概観した。これまでのところから，この語法の消滅については，端的に，

○連体形結びの係り結びは，終止形・連体形の合一化の結果，連体形結びによる表現効果が希薄となってしまったため，結びに乱れが生じ，衰退へと向かった。

○已然形結びの係り結びは，已然形自体の有していた，続ける機能が弱化したことによって，終止形との機能差が乏しくなり，已然形結びによる表現効果が希薄になってしまった。その結果，結びに乱れが生じ，衰退へと向かった。

と表すことも可能であろう。しかし，こうした記述は，一方で，衰退と消滅が短期間に単調に進行したかのような誤解を与えることもあるように思われる。その点には注意が必要であろう。

概説書などには端的な解説があるが，その背景には，「こそ」，「ぞ」，「なむ」，「や」，「か」といった各係助詞に応じた係り結びの用法の変遷がある。発展問題にもあげておくが，衰退・消滅の大筋を理解した次には，個々の用法の変遷に目を向けていくことが肝要なのではないかと考える。

■ 発展問題

(1) 係り結びの衰退・消滅の時期は，「こそ」，「ぞ」，「なむ」，「や」，「か」といった係助詞の違いによって遅速のあることが報告されている。阪倉[8]，北原[3]などをはじめとする先行研究によってこの点を確認してみよう。

(2) 従来，係り結び「こそ……已然形」の衰退は，他の係り結びの衰退よりも遅いとされてきた（発展問題(1)を行うことで理解されよう）。しかしながら，この「こそ……已然形」については，消滅の時期はともかく，結びの乱れ，崩壊，衰退は，他の係り結びと同時期に進行していたとみるべきではなかろうかといった指摘もなされてきている。山口[13]などをはじめとする先行研究によって，係り結び「こそ……已然形」の衰退を考えてみよう。

(3) 係り結びに関する研究課題は，実際，きわめて多様である。そもそも，「係り結び」という用語の示す範囲にも広狭がある（本章ではいわゆる係り結びということで，狭義の係り結びを扱っている）。金水[4]，山口・秋本[14]，舩城[12]などをはじめとする先行研究を参照し，その多様性を理解しよう。

■**参考文献**

1) 大野　晋『係り結びの研究』(岩波書店, 1993)
2) 尾上圭介「係助詞の二種」(『国語と国文学』第79巻第8号, 東京大学国語国文学会, 2002)
3) 北原保雄「係り結びはなぜ消滅したか」(『国文学』27巻16号, 学燈社, 1982：『文法的に考える—日本語の表現と文法—』大修館書店, 1984所収, 後者使用)
4) 金水　敏「日本語文法の歴史的研究における理論と記述」(『日本語文法』2巻2号, 日本語文法学会, 2002)
5) 小池清治『日本語は悪魔の言語か？—ことばに関する十の話—』(角川書店, 2003)
6) 小松英雄『日本語の歴史—青信号はなぜアオなのか—』(笠間書院, 2001)
7) 近藤泰弘「〈結び〉の用言の構文的性格」(『日本語学』第5巻第2号, 明治書院, 1986)
8) 阪倉篤義『日本語表現の流れ』第五章 (岩波書店, 1993)
9) 野村剛史「カによる係り結び試論」(『国語国文』第64巻第9号, 京都大学文学部国語学国文学研究室, 1995)
10) 野村剛史「ヤによる係り結びの展開」(『国語国文』第70巻第1号, 京都大学文学部国語学国文学研究室, 2001)
11) 半沢幹一ほか『ケーススタディ日本語の歴史』(おうふう, 2002)
12) 舩城俊太郎「係結び」(『国文法講座』第3巻, 明治書院, 1987)
13) 山口明穂『日本語を考える—移りかわる言葉の機構—』第四章 (東京大学出版会, 2000)
14) 山口明穂・秋本守英編『日本語文法大辞典』(明治書院, 2001)
15) 山口明穂ほか『日本語の歴史』(東京大学出版会, 1997)
16) 吉田金彦「係り結びの変遷」(『月刊文法』第3巻第5号, 明治書院, 1971)
17) 中川祐治「『コソ』『ゾ』による係り結びと交替する副詞『マコトニ』について—原拠本『平家物語』と『天草版平家物語』の比較を手がかりに—」(『文学・語学』第178号, 全国大学国語国文学会, 2004)
18) 半藤英明『係助詞と係結びの本質』(新典社, 2003)
19) 半藤英明『係結びと係助詞—「こそ」構文の歴史と用法—』(大学教育出版, 2003)

第4章　古代語の推量の助動詞「らむ」,「けむ」,「まし」,「めり」などは,なぜ現代語には残らなかったのか？

【文法史,助動詞,モダリティ】

キーワード：推量表現,意志表現,打消推量,分析的傾向

1. 古代語の推量の助動詞の多様性

　古代語で推量の助動詞と呼ばれるものにはさまざまなものがある。これらは,それぞれ意味や文法的なはたらきを異にするものだったのである。具体的に見てみよう。まず,古典文法で推量の助動詞とされる次のような一群は,現代語ではそれぞれどのように訳すのが適当か,考えてみてほしい。

　　雨降ら<u>む</u>。
　　雨降る<u>らむ</u>。
　　雨降り<u>けむ</u>。
　　雨降る<u>らし</u>。
　　雨降ら<u>まし</u>。
　　雨降る<u>めり</u>。
　　雨降る<u>べし</u>。

　いきなり解答を示すことになるが,これらの訳を,文脈を添えて示し,それにあてはまる助動詞の意味を概略的に記述すると,次のようになる(用例は基本的な意味を確認するための作例である)。

　　(明日は)雨降ら<u>む</u>。：　雨ガ降ルダロウ。〈推量。最も基本となる推量表現形式〉

(外は今)雨降る<u>らむ</u>。： 雨ガ降ッテイルノダロウ。〈現在推量。原因推量などと呼ばれる用法をももつ〉
(昨夜は)雨降り<u>けむ</u>。： 雨ガ降ッタノダロウ。〈過去推量〉
(西に黒雲あり。かの地は)雨降る<u>らし</u>。： 確カニ雨ガ降ッテイルラシイ。〈根拠に基づく推量。上代に発達していたもので，中古においては次第に衰退する。したがって，現代語の「らしい」との直接のつながりはない〉
(昨夜)雨降ら<u>ましか</u>ば悪から<u>まし</u>。： 雨ガ降ッタトシタラ悪カッタダロウガ。〈反実仮想〉
(外は)雨降る<u>めり</u>。： ドウヤラ雨ガ降ッテイルヨウダ。〈婉曲的推量〉
(明日は)確かに雨降る<u>べし</u>。： 雨ガ降ルニ違イナイ。〈当然的推量〉

さらに，打消の表現の場合には，次のように「じ」や「まじ」が加わる。

(明日は)雨降ら<u>じ</u>。： 雨ガ降ラナイダロウ。〈打消推量〉
(明日は確かに)雨降る<u>まじ</u>。： 雨ガ降ラナイニ違イナイ。〈当然的打消推量〉

概略的に示したが，個々の助動詞が細かな微妙な意味を担うものとして表現し分けられていることが知られるであろう。これにまた，完了の助動詞などが付け加わり，さまざまなアスペクトにかかわる推量表現となる。

(今にも)雨降りな<u>む</u>。〈完了の助動詞「ぬ」の未然形＋「む」〉： 雨ガキット降ルダロウ。
(昨夜より)雨降りたる<u>らむ</u>。〈完了の助動詞「たり」の連体形＋「らむ」〉： 雨ガ降ッテイタノダロウ。

2. 推量と意志

以上のような推量の助動詞の一群は，それぞれが独自の意味を有しているが，特に「む」や「じ」の場合，推量を表す場合とともに意志の場合もあることが

重要である。すなわち,

　　雨降ら**む**。(推量)　　　　われ行か**む**。(意志)

　　雨降ら**じ**。(打消推量)　　われ行か**じ**。(打消意志)

のように,「む」と「じ」とはきれいに対応する。「じ」は「む」の否定形式として用いられているのである(一方,「べし」に対応するのが「まじ」であるが, 中世のころから,「じ」に代わって「まじ」が広く使われるようになる)。

『日本国語大辞典』(第2版, 小学館)では,「む」の意味として, まず「現実に存在しない事態に対する不確実な予測を表わす」と基本的な意味を示し, 次のように説明している(用例は省略する)。

① 話し手自身の意志や希望を表わす。…しよう。…するつもりだ。…したい。
② 相手や他人の行為を勧誘し, 期待する意を表わす。遠まわしの命令の意ともなる。…してくれ。…してもらいたい。
③ 推量の意を表わす。(イ) 目前にないこと, まだ実現していないことについて想像し, 予想する意を表わす。…だろう。(ロ) 原因や事情などを推測する場合に用いる。…だろう。…なのであろう。(ハ) (連体法に立って) 断定を婉曲にし, 仮定であること, 直接経験でないことを表わす。…であるような。…といわれる。…らしい。

話し手自身に用いる場合と対者および第三者に用いる場合とで意味の相違が生じているが, 基本となるのは, ①の意志と, ③推量の(イ)の用法である。古代語においては, 意志を表す用法も, 未確定な事柄を表すものであるところから, 対者あるいは第三者に関しての推量と共通するものと把握されている。主語の違いによって, はじめてその相違が意識されるのであって, 形態上はまったく区別がなされていないのである。なお, ②の対者に対して勧誘する用法は, 自らの意志を表す①と非常に近い性格を持っていると言えよう。

語形の変遷をみると,「む (mu)」は「ん (n)」を経て「う (u)」に転じ, 現代に至る。現在は, 上接する動詞の語形により,「う」と「よう」の形をとるが, その中間に位置する過渡的な状態は, キリシタン文献のローマ字表記な

どによって明確にとらえることができる。

① 我モアノゴトクニシテ愛セラレウ（aixerareô）ト思イ
（天草本エソポ・狗と馬の事）
② 狐一匹餌ヲ求メウ（motomeô）ト出タトコロニ　　（同・狼と狐の事）

ただし，「う」，「よう」は，現代語において，もっぱら意志表現に用いられるものになっている。推量表現には「だろう」（丁寧表現では「でしょう」，また，文章語においては「であろう」も）の形をとることになる。意志表現と推量表現とが，明確に分化するに至ったのである。ただし，文章語的な表現，伝統的な慣用表現としては，「う」が推量の意味をとどめている場合も多い。

○まったく問題はなかろう。
○雨が今にも降ろうとしている。
○以下のように考えることができよう。
○いかなる困難があろうとも，それに負けずに生きる。
○勝とうが負けようが，結果は問題ではない。
○あろうことかあるまいことか，……。
○失敗しようものなら大変だ。

「むとす」の変化した「むず」は，室町時代にはさらに語形を転じて「うず（る）」となり，室町時代には多用されたが，江戸時代に入って他の表現形式が発達するにつれ，衰退した。古代語の「じ」に代わって発達を遂げてきた「まい」も，現代語では次第に衰退しつつあり，
　(a) もう心配はあるまい。（打消推量）
　(b) もう二度と行くまい。（打消意志）
のような表現は，次のように言い換えられるのが普通になっている。
　(a′) もう心配はないだろう。
　(b′) もう二度と行かないようにしよう。

「打消」と「推量」、あるいは「打消」と「意志」というように、異なる表現内容を一語で表す代わりに、表現内容を各要素に分解し、その分析的な表現の組み合わせによって表現しようとする傾向が強まっているのである（第1章参照）。「打消の意志」を表す場合は、次のように推量辞を一切用いない表現も発達している。

○もう二度と<u>行かないぞ</u>。（否定的内容の決意）
○もう二度と<u>行くものか</u>。（反語表現）

3. 現在や過去の事態の推量

では、現在推量と呼ばれる「らむ」や、過去推量と呼ばれる「けむ」に代わる言い方は、どのようになされているだろうか。

○山ではまだ桜が咲い<u>ているだろう</u>。（古代語の「らむ」に対応する表現）
○あの子はどうして泣い<u>ているのだろう</u>。（同上）
○あのときいったい何が起こっ<u>たのだろう</u>。（古代語の「けむ」に対応する表現）
○あのときどうして帰っ<u>てしまったのだろうか</u>。（同上）

「ている」や「てしまった」などの言い方で、現在や過去の事態を表し、それに推量の「だろう」を添えるという形をとる。このような各表現要素の組み合わせで推量という複雑な概念を表そうとするのである。ここにも分析的傾向の発達をみてとることができる。

「まし」についてみると、古代語において、事実に反する事態を仮定するという、いわゆる反実仮想専用の表現形式が発達していたことは興味深い。助動詞「まし」そのものの意味として、「反実仮想」を表すものと言うことはできないが、少なくとも「ませば……まし」、「ましかば……まし」など、条件文に用いられた場合は、常に反実仮想の表現になる。

① わが背子と二人見<u>ませば</u>いくばくかこの降る雪の嬉しくあら<u>まし</u>〈＝私

ノ夫ト二人デ見ルノダッタラ，ドンナニコノ降ル雪ガウレシク思エルダロウニ〉 　　　　　　　　　　　　　　　　　　　　（万葉・巻八・1658）
② 昼なら<u>ましかば</u>，のぞきて見奉りて<u>まし</u>。〈＝モシ今ガ昼間ダッタトシタラ，ノゾイテ見申シ上ゲタコトダロウ〉 　　　　　　（源氏・帚木(ははきぎ)）

　これに対して，現代語においては，特定の表現形式は失われてしまっている。「まし」が仮想の事態を思い描くという，独特の世界を表現していたのに対して，「条件」と「帰結」の組み合わせによって仮定の条件を表現するものとなってきたため，過去の事態の反対の内容を想定する場合でも，「……デアッタラ」，「……ダッタトシタラ」のように表現することにより，特に反実仮想専用の形式は不要となってきたのであろう。

　また，「めり」もまさに平安和文の世界で好まれた助動詞であり，視覚的に現実の状況をとらえているにもかかわらず，「雨降るめり」のように，婉曲的に表現するものであった。これは，音が聞こえるという意味の，いわゆる伝聞推定の「なり」（終止形接続）とも共通するものである。

　ただし，文体的な観点からすると，この「めり」や終止形接続の「なり」などは，平安時代においても，漢文訓読文においてはほとんど用いられないものであった。「まし」は多少用いられるものの，和文に比べるとごくわずかに使用されているにすぎない。漢文訓読文における推量表現の体系は，「む」と「べし」を中心とするものであり（「まじ」もあまり用いられず，「べからず」を多用するといった特徴がある），平安和文における情意的な性格の強い体系とは一線を画しているのである。

　これは，現代語への流れを考える際に，重要な点であろう。平安女流文学などで愛好された表現が，その後の日本語の歴史において，そのまま受け継がれてきているわけではないことを示すものである。中世における和漢混淆(こんこう)文などにおいて，推量表現は，新たな展開をたどる。こうした歴史的な背景を探ってみることも重要である。

4. 推量表現と当為・適当表現

　古代語においては，「べし」や，それに対応する形式「まじ」は，重要な表

現形式となっている。その意味や両者の関係をみていこう。

「べし」の意味を「む」の場合と同様『日本国語大辞典』（第2版）によって示すと，次のようになる。

① よろしい状態として是認する意を表わす。（イ）適当であるという判断を表わす。…するのがふさわしい。…するのがよい。（ロ）当然のこととして，義務として判断する。…するはずである。…しなければならない。（ハ）他人の行動に関して，勧誘・命令の意を表わす。打消を伴えば禁止となる。…しなさい。…するのがよい。
② 確信をもってある事態の存在または実現を推量し，または予定する。（イ）近い将来，ある事態がほぼ確実に起こることを予想する。きっと…だろう。…するにちがいない。（ロ）目の届かない所で，現在進んでいる事態を断定的に推定する。…しているにちがいない。…しているはずだ。（ハ）近い将来に事態の実現を予定する。…する予定である。…であることになっている。（ニ）自己の行動に関して，強い意志を表わす。ぜひ…しよう。きっと…しよう。
③ 可能であるとの判断を表わす。…することができる。…できそうだ。
④ （連用形「べく」を用いて）行為の目的を表わす。…ために。現代の用法。

きわめて多様な意味・用法が記されている。これらを大きくまとめるならば，当然の事柄，確実に生起するはずの事態として予想する場合と，また，そのようにあるのが適当だとする強い判断を表す場合があると言えるであろう。

「雨降るべし」の「べし」にあたる言い方は，現代語においては助動詞など一つの形式では表すことができず，推量判断の形式を用いない次のような表現をとることになる。

○（まもなく）雨が降るに違いない。
○（まもなく）雨が降るはずだ。

また,「もっとよく考えるべきだ」のように,「べき」の形をとると, そうあるのが適当である意, 義務的に必要とされる意を表す。当為表現と呼ばれるものである。こうした当為表現は, 現在では, 推量という範疇からは大きく外れるものになっている。『日本国語大辞典』に示されている④の用法も,「べし」の適当・当然という意味を継承するものである。

　推量の表現が, 助動詞の一つ一つによるのではなく, 分析的な表現の組み合わせによって表現する傾向が強まると, 推量そのものの助動詞「らむ」,「けむ」,「まし」などは, その存在価値を失う。また,「べし」は, 当然あるいは適当という性格がより強いものとなって受け継がれるようになる。「まじ」も同様であり, 文語的表現の中で, 特に連体形「まじき」が,「べき」の打消の形で使用される（この点口語形「まい」とは明確に異なるものとなっている）。

○す<u>まじき</u>〈＝スルベキデナイ〉ものは宮仕え。
○教職者にある<u>まじき</u>〈＝アッテハナラナイ〉行為。

現在ではもっぱら禁止として用いられる「べからず」も, もともと次のように「……ノハズガナイ」という確信的な推量判断をも表すものであった。

① 万事にかへずしては, 一の大事成る<u>べからず</u>。〈＝スベテノ事ニ代エナクテハ, 一ツノ大事ガ成功スルハズガナイ〉　　（徒然草・一八八段）
② 「……老少不定の境なり。出づる息の入るをも待つ<u>べからず</u>。〈＝出ル息ガ（次に）入ッテクルノヲ待ツ間モアリハシマセン〉」
（覚一本平家・巻一・祇王）

　以上, さまざまな段階を経ているが, それぞれの助動詞の意味の区別に代わって, 各要素の組み合わせによって推量や意志の表現を行い, 適当・当然といった内容はまた別の形式を用いて区別するという現代語の体系が成立し, 平安和文で愛好された助動詞群は衰退するに至ったのである。

■ 発展問題

(1) 「む」、「べし」について、『日本国語大辞典』の記述を示したが、同辞典、あるいは古語辞典などで、他の推量の助動詞はどのように記述されているか。それぞれの意味や用法を確認してみよう。

(2) 用例として一部を示したが、『天草本エソポ物語』（第1章参照）などキリシタン文献のローマ字表記で、「う」や「うず」は、その接続している語との関係により、どのような形をとっているか、具体的に調べてみよう（参考：大塚光信[2]）。

(3) 『方言文法全国地図』第3集（国立国語研究所編，1994）には、「書くだろう」、「来るだろう」という推量形と、「書こう」、「来よう」という意志形に関して、全国の使用状況が示されている（『現代日本語方言大辞典』（明治書院，1992）の「う・よう」〔推量・意志〕の項も参考になる）。
  ① 推量と意志の表現が同じ語でなされている地点、別の語でなされている地点を調べ、比較してみよう。
  ② 「べし」の後身である「べい」はどのように用いられているか、使用地域の分布とその意味・用法を調べてみよう。

(4) 現代語の推量表現の形式「だろう」、「らしい」、「ようだ」、「みたいだ」などについて、実際に用例を集めて、意味・用法を比較してみよう。また、その上で、先行研究ではどのように説明されているか、調べてみよう。

■ 参考文献

1) 梅原恭則編『論集日本語研究7 助動詞』（有精堂，1979）
2) 大塚光信『抄物きりしたん資料私注』（清文堂，1996）
3) 此島正年『国語助動詞の研究―体系と歴史―』（桜楓社，1973）
4) 小林賢次「院政・鎌倉時代におけるジ・マジ・ベカラズ」（『国文学言語と文芸』84号，1977）
5) 小林賢次『日本語条件表現史の研究』第三章「中世における反実仮想の条件表現」（ひつじ書房，1996）
6) 近藤泰弘『日本語記述文法の理論』第9章「モダリティ」（ひつじ書房，2000）
7) 桜井光昭「推量の助動詞」（『品詞別日本文法講座7 助動詞Ⅰ』明治書院，1972）

8) 高山善行『日本語モダリティの史的研究』(ひつじ書房, 2002)
9) 中村通夫「東京語における意志形と推量形」(『東京語の性格』川田書房, 1948)
10) 彦坂佳宣「近世後期の推量・意志表現—近畿・東海地方の言語景観小見—」(『日本近代語研究 2』ひつじ書房, 1991)
11) 山口堯二『助動詞史を探る』(和泉書院, 2003)
12) 吉田金彦『現代語助動詞の史的研究』(明治書院, 1971)
13) 吉田金彦『上代語助動詞の史的研究』(明治書院, 1973)

第5章 「いとやむごとなき際にはあらぬが……」(『源氏物語』桐壺) の「が」は，接続助詞ではないのか？

【文法史，助詞史】

キーワード：助詞「が」，接続助詞，主格助詞，前件と後件の緊密度，結合力の弛緩

1. 問題点の整理

次の一文は，わが国の代表的文学作品で，世界最古の長編小説でもある『源氏物語』の冒頭である。

いづれの御時にか，女御，更衣あまたさぶらひたまひける中に，いとやむごとなき際にはあらぬが，すぐれて時めきたまふありけり。

(源氏・桐壺)

(帝はどなたの御代であったか，女御や更衣が大勢お仕えしておられた中に，最高の身分とはいえぬお方で，格別に帝のご寵愛をこうむっていらっしゃるお方があった。)

(阿部秋生・秋山虔・今井源衛・鈴木日出男校注・訳『源氏物語　新編日本古典文学全集』小学館，1994)

この一文の後半部分「いとやむごとなき際にはあらぬが……」は，今日の私たちからすると，

○いとやむごとなき際にはあらぬが (シカシ)，すぐれて時めきたまふ (人) ありけり。

というように，「が」を逆接の接続助詞とみて解釈することが可能であるように思われる。しかし，実際には，

① 「いとやむごとなき際にはあらぬ (人) が，すぐれて時めきたまふ (事)

ありけり」とみて，「が」を主格の格助詞とみる。
② あるいは，「いとやむごとなき際にはあらぬ（人デ），すぐれて時めきたまふ（人）ありけり」とみて，「が」を同格の格助詞とみる。

というような解釈が行われている（古典文学教材研究会編『源氏物語 一 古典文学解釈講座第一巻』三友社，1993参照）。主格とも同格ともされるといった幅のある解釈が認められ行われてはいるが，しかし，いずれの場合でも「が」を格助詞とみるという点では一致しており，それを接続助詞とみることはない。

このように，『源氏物語』冒頭の「が」は，意味的には逆接のようにみえながらも，通常，接続助詞と解されることはない。この理由は，端的にいえば，石垣謙二「主格『が』助詞より接續『が』助詞へ」[4]という精緻な研究によって，接続助詞「が」の確立が院政期以降と目されるということが解明されたからである。すなわち，『源氏物語』の時代には接続助詞「が」が十分に発達していなかったという理解が一般的になったためである。

では，その接続助詞「が」の成立と展開はどのように実現してきたのであろうか。本章では，まずこの点を石垣論文によって確認してみることにしたい。そして，その後あらためて，「いとやむごとなき際にはあらぬが……」は接続助詞ではないのかという点を考えてみることにしよう。

2. 主格助詞の発展

助詞「が」は，上代以降，連体助詞→主格助詞→接続助詞という変遷をたどっており，石垣論文でもそれぞれの過程について述べられているが，本章では，特に主格助詞から接続助詞への展開に注目することにし，本節では，接続助詞「が」発生の前段階に認められる主格助詞「が」の発展を同論文に従ってみることにする。

① やがて罷りぬべきなめりと思ふが悲しく侍るなり（竹取物語・天の羽衣）

主格助詞「が」は上代には用言を受けないことを原則としていたが，平安時代に入ると，①のように用言を受ける例がみられるようになる。そして，さら

に，以下に示すような性質を有する主格形式第一類，第二類，第三類が現れてくる。

○主格形式第一類
　例：やがて罷りぬべきなめりと思ふ<u>が</u>悲しく侍るなり
　　　　　　　　　　　　　　　　　　　　　　　（竹取物語・天の羽衣）
「やがて罷りぬべきなめりと思ふ」はその下に考えられる「（事）」を述定する作用性名詞句である。そのため，「やがて罷りぬべきなめりと思ふ（事）」が全体で一つの陳述として，すなわち一文として一体のまま下にかかっていく。したがって「が」助詞の上下は最も緊密に結合している。作用性名詞句とは，名詞句を構成する用言（ここの場合は「思ふ」）が作用性用言（終止形がウの韻に終わる活用語）であるものをいう。詳細は石垣氏の「作用性用言反撥の法則」[3]（『助詞の歴史的研究』所収，岩波書店）を参照されたい。

○主格形式第二類
　例：女のまだ世経ずと覚えたる<u>が</u>人の御許に忍びて
　　　　　　　　　　　　　　　　　　　　　　　（伊勢物語・一二〇段）
「まだ世経ずと覚えたる」は「（者＝女）」を装定する形状性名詞句で，上の句は「女のまだ世経ずと覚えたる（者＝女）」と考えられる。「が」の下にかかっていくのは体言「（女）」だけであり，「まだ世経ずと覚えたる」の部分は下の句に対して間接的な接触を有するにすぎない。したがって，「が」の上下の結合は第一類に比して著しく弛緩している。ただ，上の句の主体も，複文全体の主体も同じ「女」であるため，体言「女」がいわば核となって一複文の統一を保っている。形状性名詞句とは，名詞句を構成する用言（ここの場合は「覚えたる」）が形状性用言（終止形がイの韻に終わる活用語）であるものをいう。

○主格形式第三類
　例：同じ中納言，かの殿の寝殿の前に少し遠く立てりける桜を，近く掘り
　　　植ゑける<u>が</u>，枯れざまに見えければ　　　　　（大和物語・七四段）
「近く掘り植ゑける」は「（もの）＝（桜）」を装定する形状性名詞句であるの

で，第二類同様，上の句は下の句に対して間接的な接触を有するにすぎない。また，第二類とは異なり，複文全体の主体である「桜」が，上の句では主体ではなく客体となっている。そのため，第二類のように複文の核となるものを見出すことができず，その統一は乱れるから，「が」の上下の結合はますます緊密度が弱まってしまっている。

そして，これらの主格形式では，「第一類・第二類・第三類と順次に『が』助詞の上下の結合する緊密度が弛緩して行くのであつて，『が』の上なる部分と下なる部分とが互に独立しようとする傾向であるといふ事が出来るのである」(「三　主格形式の發展」)。

3. 接続助詞の発生，発展

次いで，接続助詞「が」の発生と発展である。

主格助詞「が」の発展に従って，接続助詞「が」が発生してくるわけであるが，それをみるために，石垣氏は，まず両者の弁別基準として以下の三項目を揚げる。

○主格「が」助詞と接続「が」助詞を識別する基準
　（一）　文意の解釈による。
　（二）　「が」助詞の下の部分に主体を示す語が現れてゐれば「が」は接続助詞である。
　（三）　「が」助詞の承ける用言もかかる用言も共に作用性用言ならば「が」は接続助詞である。

（三）は，これも石垣氏の命名による「作用性用言反撥の法則」という次の法則に基づくものである。

「が」の承ける語も続く語も共に作用性用言の例は原則として存在しないのである。即ち，例へば，
　　　子供の群がるが騒ぐ
と云ふが如き形式は，国語に於て一の複文を成立せしめる事が出来ない。

(石垣謙二「作用性用言反撥の法則」)

そして，こうした基準に基づいて，石垣論文では，以下に示すような性質を有する六つの接続形式の発生を認める。

○接続形式第1類： 後件は形式上一文を形成していながら，なお前件に対して述語的性質が濃厚で，後件の主体がきわめて提示語に近いもの。
　例：落入ケル時巳ノ時許ナリケル<u>ガ</u>，日モ漸ク暮ヌ（今昔物語集・巻十六）

○接続形式第2類： 前件の主体と後件の主体とが同一なもの。
　例：三井寺ノ智證大師ハ若クシテ宋ニ渡リ此ノ阿闍梨ヲ師トシテ真言習ヒテ御ケル<u>ガ</u>，其レモ共ニ新羅ニ渡リ御シケレドモ（今昔物語集・巻十四）

○接続形式第3類： 前件の客体と後件の主体とが同一なもの。
　例：殊ニ勝レテ賢カリケル狗ヲ年来飼付テ有ケル<u>ガ</u>，夜打深更ル程ニ異狗共ハ皆臥タルニ，此ノ狗一ツ俄ニ起走テ　　（今昔物語集・巻二十九）

○接続形式第4類： 前件の主体と後件の客体とが同一なもの。
　例：其後又頼家ガ子ノ，葉上上人ガモトニ法師ニナリテアリケル，十四ニナリケル<u>ガ</u>，義盛ガ方ニ打モラサレタル者アツマリテ，一心ニテ此禅師ヲ取テ　　　　　　　　　　　　　　（愚管抄・巻六）

○接続形式第5類： 前後件の間に何ら形式上の連関がなく，両件は互いに対等で，後件は前件に対してきわめて唐突に現れるもの。
　例：信頼ハ中納言右衛門督マデナサレテアリケル<u>ガ</u>，コノ信西ハマタ我子ドモ俊憲大弁宰相，貞憲右中弁，成憲近衛司ナドニナシテアリケリ
　　　　　　　　　　　　　　　　　　　　　　（愚管抄・巻五）

○接続形式第6類： 前後件の間に逆戻的の意味がみられるもの。
　例：目出たくは書て候ける<u>が</u>，難少々候　　　（古今著聞集・巻十一）

以上のような検証によって，接続助詞「が」発生の時期はほぼ院政期以降であることが解明されたわけである。

なお，石垣論文では，先の弁別基準によって『源氏物語』五十四帖の全「が」助詞も検討されており，「結論を先づ一言に尽せば，接続助詞と認めなければならぬ例は未だ存在しない」（四　主格形式より接續形式へ）と述べられている。

4. 『源氏物語』に接続「が」助詞は皆無か──石垣説に対する補足

石垣論文はたいへん精緻な研究であり，接続助詞「が」の成立の過程は同論文で解明されたといっても過言ではない。が，それでも，用例の判定や新たな用例については，後の研究者によって補正，補足が行われている。

たとえば，青木伶子氏は，石垣氏が主格形式とみた，
○雪は所々きえ残りたる<u>が</u>，いと白き庭の，ふとけじめ見えわかれぬ程なるに　　　　　　　　　　　　　　　　　　　　　（源氏・若菜上）
について，次のように述べている。

> この「が」を主格形式とすれば，「は」助詞は主格に立つ準体句の主語を承けてゐることになるが，「は」助詞は古来準体句の主語を承けることが殆どなく（源氏以前には皆無），就中主格に立つ準体句の主語を承ける例が源氏に見られないからである。
> 　　　　　　　（青木伶子「書評　石垣謙二著『助詞の歴史的研究』」[1]）

また，森野宗明氏も，
○一言，きこえさすべき<u>が</u>，人，聞くばかり，のゝしらんは，あやしきを，いさゝか，あけさせ給へ。　　　　　　　　　　　　　（源氏・総角）
をあげ，これについて以下のように見解を示している。

> 右の例は，源氏物語の中では，最も問題になる微妙な例である。大系本の注（四の四一三ページおよび五一二ページ［引用者補足：大系本は旧版のほう］）では，格助詞と解し，「申しあげねばならない事<u>で</u>，他人が聞く程，

大声を立てるような事は」と訳しているが，前後を，単純な同格とみるのは無理なようで，よく引かれる桐壺の冒頭の「いとやんごとなき際にはあらぬが，すぐれて時めき給ふありけり。」よりいっそう接続助詞用法に大きく傾斜しているものと認めざるをえまい。ただこうした例は，孤立的に存在するだけであって，いわば過渡的な，特異な事例にとどまっている。

（松村 明編『古典語現代語助詞助動詞詳説』pp.406-407）

　その他にもいくつかの言及があり，用例も『源氏物語』以外のものも指摘されている。そのあたりの事情は，京極興一「接続助詞『に』『を』『が』の成立と展開」[7]が手際よく紹介している。

　さて，こうした後続研究による補正や補足をみると，『源氏物語』の「が」の判定については慎重に（見方によっては歯切れが悪く）ならざるをえず，同時に，院政期以前の「接続助詞的用例の解釈と処理については，なお今後の研究が必要であろう」（京極氏上記論文）について，同意を感じることになる。桐壺の冒頭はともかく，『源氏物語』全体となると，そこに接続助詞「が」は皆無であるという主張は積極的にはしがたくなってくるといえよう。

5. 現代語の接続助詞「が」の意味と用法

　ところで，今日の私たちは，接続助詞「が」というと，たとえば，

① 形は悪いが，味はよい。（作例）

② すでに雨が落ち始めていたが，試合は予定通り行われた。（作例）

というような逆接的対比的な意味用法を想起しがちである。そのため，これまでにみたような，「が」の前件と後件との間における緊密性の強弱については，場合によっては実感しにくいところがあるかもしれない。

　しかし，現代語の接続助詞「が」の場合でも，次のような場合には，「が」の前件と後件に，①や②以上の緊密性をみることができる。

③ 伊勢子は蠟のやうに蒼ざめて，老女の顔を恨めしく見たが，動かうともしない相手の頑固さに，伊勢子はふと立ち上って，そのまゝ急に室を出ていった。　　（『現代語の助詞・助動詞―用法と実例―』p.20より）

④ チューダー王政は当時のヨーロッパの王政のいずれにも劣らず苛酷で専制的であった<u>が</u>，それは同意による絶対主義という奇妙な光景を呈していた。　　　　　　　　　　　　　　　　　　　　　　　　（同 p.21 より）
⑤ 早めし早何とかという教えの下に育ったわたくしである<u>が</u>，できるだけゆっくりと嚙みしめる。　　　　　　　　　　　　　　　　　　（同 p.22 より）

　いずれも，前件の主体と後件の主体が同一であり（③は「伊勢子」，④は「チューダー王政」，⑤は「私」），石垣論文の主格形式第二類や接続形式第2類を思わせるものがある。
　このように，現代語の接続助詞「が」においても，前件と後件の緊密性はみることができる。このことから，接続助詞「が」の本質的性格は現代語においても引き継がれており，古語と著しく異なってしまったわけではないということがいえるだろう。そしてこのことを理解しておくと，以下の石垣論文のことばがよりいっそう理解されるのではないかと思われるのである。

　　実に接続形式の「が」の発展過程は，主格形式の「が」の発展過程及び主格形式より接続形式の発生する過程と全く同一轍であると考へられ，両者に共通なる原動力は，即ち「が」助詞発展を貫く推進力は，終始一貫「が」の上と下とが互に独立しようとする傾向であり，結合力の弛緩である。
　　　　　　　　　　　　　　　　　　　　　　　　（「五　接續形式の發展」）

6. ま　と　め

　以上，主に石垣論文によって，接続助詞「が」の発生，発展などをながめてきた。最後に，本章冒頭の素朴な疑問に応じる内容を記して，まとめに代えることにしたい。

(1)「いとやむごとなき際にはあらぬが……」（『源氏物語』桐壺）の「が」は，接続助詞ではない。
(2) それを同格の格助詞とみることは，その種の助詞が当時存在していたことから穏当な解釈といえる。

(3) 当時，主格助詞「が」の発展の時期であったことを考慮すると，それを主格の格助詞とみることは可能である。

(4) 文法的にそれを接続助詞とみることには無理がある。ただ，『源氏物語』のすべての「が」に目を向けると，接続助詞的なものが皆無というわけでもない。したがって，文法的にはともかく，訳においては格助詞ということにとらわれすぎることはない。「格助詞という分類に拘泥して，『たいして重い身分ではない方が，めだって御寵愛の厚い，ということがあった』などと日本語らしくない訳文を作る必要はないと思う。国語史家でも格助詞から接続助詞に移行するその中間の時代であると考えているのだから。」（玉上琢彌『源氏物語評釈』角川書店，1964）という言及は参考となろう。要は，過渡期の「が」の性質を理解するということだといえよう。

■ 発展問題

(1) 石垣謙二「主格『が』助詞より接續『が』助詞へ」[4]を読み，助詞「が」の変遷の詳細を確認しよう。坂梨隆三「古文における主格」[10]，大野 晋「主格助詞ガの成立」[5]なども参照するとよい。

(2) 京極興一「接続助詞『に』『を』『が』の成立と展開」[7]で紹介されている石垣説に対する補正や補足をみて，その検討をしてみよう。

(3) 院政期以前の「接続助詞的用例の解釈と処理については，なお今後の研究が必要であろう」（京極[7]）を実践してみよう。

(4) 『天草本ヘイケ物語』，『天草本エソポ物語』，狂言台本など，接続助詞「が」発生以降の資料の助詞「が」について調べ，主格助詞，接続助詞の区別をし，さらに，石垣論文の主格形式第一〜三類，接続形式第1〜6類に従って分類をしてみよう。

(5) 石垣論文の接続助詞の弁別基準についても，実例と照合しつつ確認してみよう。

(6) 現代語の接続助詞「が」の意味用法も意外に多様であり，『現代語の助詞・助動詞—用法と実例—』では，それを次の五つに分類している。
　① 二つの事がらをならべあげる際の，つなぎの役目をする。共存または時間的推移。
　　例：既出「5節③例」
　② 題目・場面などをもち出し，その題目についての，またはその場合における事がらの叙述に接続する。そのほか，種々の前おきを表現するに用いる。
　　例：既出「5節④例」
　③ 補充的説明の添加。
　　例：「吹雪や風塵—これは関東地方で春のはじめによく起るものである<u>が</u>—も電荷をもつ微粒子が運動するものだから」
　④ 内容の衝突する事がらを対比的に結びつけ，前件に拘束されずに後件が存在することを表わす。(既定の逆説条件)〔ママ〕
　　例：既出「5節⑤例」
　⑤ 推量の助動詞について，その事がらに拘束されない結果を導く条件を表す。(仮定の逆説条件)
　　例：「個人を犠牲にして国家を高めようとする政策には，それがプロレタリアートの独裁と呼ばれよう<u>が</u>，フェア・ディールという名で呼ばれよう<u>が</u>，私は反対だ。」
さらに実例を収集して確認してみよう。

■ 参考文献

1) 青木伶子「書評　石垣謙二著『助詞の歴史的研究』」(『国語と国文学』昭和31年6月号，1956)
2) 阿部八郎「接続助詞」(『研究資料日本文法　第7巻』明治書院，1985)
3) 石垣謙二「作用性用言反撥の法則」(『国語と国文学』昭和17年5月号，1942：『助詞の歴史的研究』岩波書店，1955所収)
4) 石垣謙二「主格『が』助詞より接續『が』助詞へ」(『国語と国文学』昭和19年3月号，5月号，1944：『助詞の歴史的研究』岩波書店，1955所収)
5) 大野　晋「主格助詞ガの成立」(『文学』昭和52年6月号，7月号，1977：『文法と語彙』岩波書店，1987所収)
6) 大野　晋『古典文法質問箱』(角川ソフィア文庫，1998)
7) 京極興一「接続助詞『に』『を』『が』の成立と展開」(『国文法講座　第3巻』明治書院，1987)

8) 国立国語研究所『現代語の助詞・助動詞―用法と実例―』(秀英出版, 1951)
 9) 此島正年『国語助詞の研究―助詞史素描―』(桜楓社, 1966)
10) 坂梨隆三「古文における主格」(『国文法講座 第3巻』明治書院, 1987)
11) 森野宗明「が―接続助詞」(松村 明編『古典語現代語助詞助動詞詳説』明治書院, 1969)

第6章　古典（文語）文法の「已然形」は，現代語（口語）文法では，なぜ，どのようにして「仮定形」と呼ばれるようになったのか？

【文法史，条件表現，活用形】

キーワード：現代語（口語）文法，古典（文語）文法，仮定形，已然形，仮定条件，確定条件，恒常条件

1. 仮定形と已然形

いわゆる学校文法で，活用形の名称がどのように呼ばれているか，確認しておこう。古典（文語）文法では，四段活用の「書く」を例にとると，活用の仕方は次のようになる。

基本形	語幹	未然形	連用形	終止形	連体形	已然形	命令形
書く	書	か	き	く	く	け	け

これに対する，現代語（口語）の活用は，次のとおりである。

基本形	語幹	未然形	連用形	終止形	連体形	仮定形	命令形
書く	書	か こ	き い	く	く	け	け

すなわち，古典文法における「已然形」が，現代語文法では「仮定形」にその名称が変わっているのであるが，〈書け〉という語形自体は，なんら変わっていないのである。他の活用形の名称がそのままであるのに対して，「已然形」，「仮定形」の場合のみ，古典文法と現代語文法で名称を変える必要が生じたのは，どうしてなのだろうか。

もともと，活用形というのは，活用という概念で動詞などの語形や他の語と

の接続関係，文法的な機能を整理し，一つの抽象化した形態として命名したものである。

江戸時代の文法学者の一人義門(ぎもん)（1786-1843）の活用の図『友鏡(ともかがみ)』（1823）や『和語説略図(わごせつのりゃくず)』（1833），『活語指南(かつごしなん)』（1840）などを見ると，それまでの本居宣長・春庭(はるにわ)父子，あるいは同時代の鈴木朖(あきら)などによる研究を継承，発展させて，すでに現代の活用表とほぼ共通するものに整えていることが知られる。逆に言えば，こうしたいわゆる国学の伝統に立つ江戸時代の文法研究は，きわめて高いレベルにまで到達し，その成果が現代にまで受け継がれてきているのである（富士谷成章(ふじたになりあきら)による活用体系表「装図(よそいのかた)」については，第2章参照）。現在では，こうした伝統的研究に基盤を置く，いわゆる学校文法の体系については，新たな立場からの批判がなされることもあるが，どのような立場をとるにせよ，まずは伝統的な学説の意味するところについて正しく理解しておくことが必要であろう。古典文法における各活用形の性格，機能を整理すると次のようになる。

○未然形：〔未だ然らず〕。まだその事態が成立していないことを表すものとして名づけられた。「書かむ」は，意志や推量の表現であり，「書く」という事態はまだ成立していない。この観点から，義門は「将然言(しょうぜんげん)」（または「未然言」とも）の呼称を用いている。「書かず」は，打消であり，やはり，ある事態が成立していないことを表す。「書かば」という「未然形＋ば」の形式は，仮定を表すものであるから，やはり，その事態はいまだ成立していないのである。なお，「書かる」や「書かす」という受身や尊敬の「る」，使役の「す」などに続く形も含まれる。この場合は「未然」という概念はあてはまりにくい。「る」や「す」は接尾語的なもので，動詞の活用語尾に準じるものと考えておくのがよいであろう。

○連用形・連体形：　用言に連なる形，体言に連なる形の意であり，連用修飾・連体修飾の名でも広く用いられる。これも代表的な機能を示したものであり，連用形といっても，そこで中止する中止法の場合，他の助動詞や助詞に接続するなど，用法はさまざまな広がりを持つことになる。

○終止形・命令形：　これらも中心的な機能によって括ったものであり，し

たがって，終止形といっても，常に終止法をとるとは限らない。助動詞や助詞が接続する場合も含まれることになる。命令形も同様であり，命令法をとる場合のほか，たとえば「花咲けり」のような完了の助動詞「り」に接続する「咲け」も含まれる。これは，本来「花咲きあり」の融合形として生じた形であり，それが，上代特殊仮名遣いと呼ばれるものにあてはめると，已然形の乙類「け」ではなく，命令形の甲類「け」に一致することによる。意味による命名はそのすべての用法を覆うものとなっているとは限らないのである。

○已然形：〔已に然り〕。その事態がすでに確定していることを表す。「書けば」，「書けども」の形で，また，係り結びで，「こそ」の結びとして用いられる。

こうしたさまざまな用法を分析，整理し，抽象化，法則化して示したものが活用表である。活用表とは，もともとそこにあるものではなく，文法研究の発展によって，はじめて認識された言語の体系なのである。したがって，古代語の「已然形」という活用形における表現内容，現代語における「仮定形」という表現内容そのものが，いかなる性格を有しているか，その用法を詳しくみていく必要がある。

2. 条件表現の分類，用法

「已然形」という用語に対して，「仮定形」という用語を用いるようになったのは，古代語に関して使っていた「已然形」の名が，現代口語の場合には，その実質にふさわしくないものとなってきたことを意味するはずである。それでは，その条件表現の表現内容は，どのようにとらえられるであろうか。

まず，確認しておかなければならないのは，現代語において「仮定形」の名を用いていても，「仮定形＋バ」の形で常に仮定条件を表しているわけではないことである。条件表現の体系のとらえ方にはさまざまな立場がありうるが，以下，筆者（小林）の立場での分類を示す。「仮定形＋バ」の用法を整理すると，次のようになる。

① 早く春に<u>なれば</u>いい。〔仮定条件〕
② 春に<u>なれば</u>雪がとける。〔恒常条件，普遍的な真理〕
③ 春に<u>なれば</u>よくあの野原で遊んだものだ。〔恒常条件，過去の習慣的な事態〕
④ お前のことを心配<u>すれば</u>こそ叱っているんだ。〔必然確定条件〕
⑤ よく<u>見れば</u>，違う人だった。〔偶然確定条件〕

　②は，〈春になると，雪がおのずからとける〉という意味で，その条件のもとでは，常に帰結句の事態が成立することを述べたものであり，〈もし春になったら〉というように，未来の事態を具体的，個別的に仮定するものとは性格の異なる表現である。また，③は，〈春にさえなるといつも〉という，過去の習慣を述べており，これは，仮定条件の用法とは基本的に異なるものであることが知られるであろう。ここでは，この③のような場合も恒常条件の用法の一部と見なしておく。これらの用法は，もともと，古代語以来のものであり，そのような性格は現代語の「仮定形＋バ」の用法においても，基本的な位置を占めるものとして位置づけられるのである。
　④の場合は，「バ」に「コソ」を後接することによって，必然確定条件の用法となっている。まさに文語の用法を受け継ぐものである。こうした表現は「已然形」の用法の名残とも言えるのであるが，現代語において，もはや中心的な用法でなくなっていることは言うまでもない。
　現代日本語の順接仮定条件を表す形式は多彩であり，それぞれの表現形式は，ある程度他の形式とも重なり合いながら，独自の表現内容を持っている。

⑥ 今からでも<u>急げば</u>間に合うかもしれない。
⑦ ゆっくり静養し<u>ていれば</u>すぐによくなるよ。

　この「急げば」，「……ていれば」を，「急ぐなら」，「……ているなら」に代えると不自然な文になる。これは，未来のある時点で動作，行為が成立することを仮定する文には，「ナラ」は用いられないことを表している。⑥，⑦を
　⑥′ 今からでも<u>急ぐと</u>［急いだら］間に合うかもしれない。

⑦′ゆっくり静養していると［静養していたら］すぐによくなるよ。

のように，「ト」，「タラ」に置き換えることは可能ではあるが，やはり「バ」がもっともふさわしい。これは，〈ある条件の場合には，常に以下の事態が成立する〉という，「バ」の基本的な意味に基づくものである。こうした恒常条件（一般条件などとも）の用法は，

　⑧ 犬も歩けば棒に当たる。〈＝犬ダッテ歩キ回ッテイルトトンダ災難ニ出会ウモノダ〉

といった，ことわざ，慣用句の類にもよくみられるところである。「ト」にもこの「バ」に近い用法があるが，

　⑨ 春になれば［なると］雪がとける。〔一般的真理〕

の文でみると，「なれば」が，〈春になりさえすれば雪がとけるモノダ〉という普遍的な真理を語るという性格が強いのに対して，「なると」は，〈春になるという事態が成立するとそのときには……〉という表現になり，前件と後件とが，時間的な前後関係で，継起的に結びつくという性格が強くなる。順接の「ト」は，もともと「……と等しく」などの言い方を契機として，江戸時代のはじめごろから発達してきたものであり，ある条件のもとで瞬間的・即時的に以下の事態が成立するということを述べるものであった。そのような出自に基づく性格は，現代語においても引き継がれている。

　現代語において，「仮定形＋バ」は，こうした「ト」，「タラ」，「ナラ」といった種々の形式と共存しながら，独自の表現領域を保っている。恒常条件の性格を多分に有しているけれども，その表現内容は「仮定形」と呼んでもさしつかえないものになっていると言えるであろう。

3. 古典文法における「未然形＋バ」と「已然形＋バ」

　ここで，古典文法における「ば」の用法を整理してみよう。

〔「未然形＋バ」による仮定条件〕
　① 明日風吹かば花散らむ。〈＝風ガ吹イタラ花ガ散ッテシマウダロウ〉〔完了性仮定〕
　② 昨日風吹きたらましかば花散りなまし。〈＝風ガ吹イテイタラ花ガ散ッテ

シマッタコトダロウ（吹かなくてよかった）〉〔非完了性仮定（反実仮想）〕
　③ 寄らば大樹の陰。〈＝ドウセ寄ルナラ大樹ノモトガイイ〉〔非完了性仮定〕

　完了性の仮定とは，未来時において，ある事柄の成立を仮定するものである。これに対して，非完了性の仮定は，過去の反事実の仮定を表したり，ある事態が成立するかどうかという判断を表したりするものをいう。この，多く「たら」で表される完了性の仮定と，多く「なら」で表される非完了性の仮定とは，古典の「未然形＋バ」という形式においては，表現形式の上で区別されていない。逆に言えば，近代語の仮定表現においては，完了性の形式と非完了性の形式とが，次第に明確に分化されるようになってきたのである。

〔「已然形＋バ」による確定条件，恒常条件〕
　④ 昨日風吹きければ，花散りぬ。〈＝風ガ吹イタノデ花ガ散ッテシマッタ〉〔必然確定条件〕
　⑤ （馬ノ口取リノ男ニ）酒を出したれば〈＝酒ヲ出シタトコロ〉，さしうけさしうけ，よよと飲みぬ。〔偶然確定条件〕　　　　（徒然草・八七段）
　⑥ 風吹けば花散るものなり。〈＝風ガ吹クト，ソノ場合ニハ必ズ……〉〔恒常条件〕

　もともと，仮定条件を表す「未然形＋ば」の形式に対して，「已然形＋ば」の場合は，確定条件（必然確定条件，偶然確定条件）の用法とともに，恒常条件の用法，すなわち，〈ある事態が成立した場合には，常に以下の事態が成立する〉という恒常的，普遍的な性格を有するものであった。前述したように，その性格は現代語においても引き継がれているのである。

4.「已然形」から「仮定形」へ

　過去に繰り返された事態を述べる場合には，真理的な普遍性というよりも，〈……のときには，いつでも……する〉という習慣的な行為を表し，特にそれが過去の事態である場合には，〈よく……したものだった〉という偶然条件の

積み重なりという性格の強いものとなる。

① 瓜食(は)めば（波米婆）子ども思ほゆ〈＝瓜ヲ食ベテイルト子供タチノコトガ思ワレルコトダ〉　栗食めば（波米婆）まして偲(しの)はゆ
（万葉・巻五・802）

② 翁，心地あしきときも，この子を見れば，苦しきこともやみぬ。〈＝コノ子サエ見ルト苦シイコトモヤムノダッタ〉
（竹取）

このように，条件表現においては，「已然形」の表現内容は，もともと多様なものであった。

また，必然確定条件，すなわち，原因・理由の表現は，「已然形＋バ」のほかに，さまざまな表現形式が用いられてきている。古く，変体漢文の世界では，「間(あいだ)」が接続助詞としての機能を有するものとなっていた。変体漢文で表記される場合，接続助詞「バ」などは明示的に表示することが不可能であり，それに代わるものとして，この「間」は，本来の意味から転じて，文と文とを接続する形式的な用法として発達するようになったものである。

さらに時代が下ると，「ホドニ」，「ニヨッテ」，「トコロデ」など，接続助詞と同様のはたらきをする種々の形式が現れ，発達する。こうして，「已然形＋バ」は，特に必然確定条件の表現形式としての存在理由を失うに至ったのである。

また，逆接条件の表現は，古典文法では，次のように表されていた。

〔「終止形＋トモ」による逆接仮定条件〕
　③ 風吹くとも花散らじ。
　④ ほととぎす今鳴かずして明日越えむ山に鳴くとも（奈久等母）験(しるし)あらめやも〈＝アシタ越エテ行ク山デ鳴イタッテソノ験ガアロウカ〉
（万葉・巻十八・4052）

〔「已然形＋ド（モ）」による逆接確定条件〕
　⑤ 風吹きけれども花散らざりけり。

⑥ 所も変はらず人も多かれど、いにしへ見し人は二三十人がなかにわづかに一人二人なり。　　　　　　　　　　　　　　　　（方丈記）

〔「已然形＋ド（モ）」による逆接恒常条件〕
⑦ 心ここにあらざれば、見れども見えず、聞けども聞こえず。
⑧ 雪は野原を埋めども、老いたる馬ぞ道は知るといふためしあり。
　　　　　　　　　　　　　　　　　　　（覚一本平家・巻九・老馬）

　「已然形＋ド（モ）」による逆接の確定条件は、近代語では「ケレドモ」や「ガ」のような形で表現されるようになる。一方、恒常条件の表現は、次第に仮定条件と共通の表現形式「テモ」に交替するに至る。現代語において、順接の「バ」が、仮定表現とともに、恒常条件の表現にもあずかるのと軌を一にするものである。
　また、係り結びの崩壊により、「こそ……已然形」という呼応も衰退する。この点でも「已然形」が確定条件にかかわるという性格は薄れてくることになる。こうした周囲の状況も重なり、古代語の体系において「已然形」と呼んでいたものを、現代語の体系において「仮定形」として位置づけるに至ったのも、当然の流れであったと言えるであろう。

■ 発展問題

(1) ことわざ、慣用句にみられる条件表現について、次の〔A〕の類と〔B〕の類の「ば」の用法、表現内容の違いを考えてみよう。
　〔A〕
　〇急がば回れ。
　〇寄らば大樹の陰。
　〇毒食わば皿まで。
　〔B〕
　〇犬も歩けば棒に当たる。
　〇塵も積もれば山となる。
　〇先んずれば人を制す。

(2) 現代語における「バ」と「ト」の表現性の違い，「タラ」と「ナラ」の表現性の違いについて，具体例を集めて考えてみよう（参考：益岡隆志編[8]など）。

(3) 近代語の逆接表現形式「テモ」について用例を集め，古代語の接続助詞「トモ」，「ドモ」の用法と比較してみよう。

(4) 近代語の逆接確定条件の表現形式「ケレドモ」について，その成立過程を調べてみよう（西田絢子[6]など参照）。

■ 参考文献

1) 金沢裕之『近代大阪語変遷の研究』（和泉書院，1998）
2) 国立国語研究所『現代語の助詞・助動詞―用法と実例―』（秀英出版，1951）
3) 小林賢次『日本語条件表現史の研究』（ひつじ書房，1996：「条件表現史関係文献目録」付載）
4) 阪倉篤義「条件表現の変遷」（『国語学』33集，1958：『文章と表現』角川書店，1975所収）
5) 阪倉篤義『日本語表現の流れ』（岩波書店，1993）
6) 西田絢子「『けれども』考―その発生から確立まで―」（『東京成徳短期大学紀要』11，1978）
7) 宮島達夫・仁田義雄編『日本語類義表現の文法（下）複文・連文編』（くろしお出版，1995）
8) 益岡隆志編『日本語の条件表現』（くろしお出版，1993：有田節子編「日本語条件文研究文献目録」付載）
9) 松下大三郎『改撰標準日本文法』（紀元社，1928：中文館，1930訂正版）
10) 矢島正浩「条件表現史研究が抱える問題」（『国語語彙史の研究』22集，2003）
11) 山口堯二『古代接続法の研究』（明治書院，1980）
12) 山口堯二『日本語接続法史論』（和泉書院，1996）

第7章 「知らざあ言って聞かせやしょう」(歌舞伎「白浪五人男」)の「ざあ」とは何か？

【文法史，助詞助動詞】

キーワード：助動詞「ズ」の仮定，条件表現，ズハ，ズバ

1.「ざあ」とは何か

① 知ら<u>ざあ</u>言って聞かせやしょう。

　これは，歌舞伎「青砥稿花紅彩画(あおとぞうしはなのにしきえ)」(通称「白浪五人男(しらなみ)」)の中で，弁天小僧(べんてんこぞう)が啖呵(たんか)を切っているせりふの一節である。このような「ざあ」はどこから来て，どのような機能を果たしているのだろうか。
　一見して，これは，「知らずば」の変化したものではないかと思う人が多いであろう。
② キジも鳴か<u>ずば</u>撃たれまいに。
などの形で用いられるように，現代の感覚では，打消の助動詞「ず」の未然形に接続助詞「ば」がつき，順接仮定条件の表現となったものとみるのが自然だからである。
　しかし，[zuba]の形が[za:]に転じたというのは，自然な音変化としては説明がつきにくい。まず，課題の答えを示すことになるが，実は，この「ザー」という長音は，そのもととなる形がズワ[zuwa]という清音の形をとっていたことを物語るものなのである。
　次のように，かなり古くから，「ざ」あるいは「ざあ」の形が文献に見出される。

③ 見めもよひが，かたちもよいが，人だにふらざ〈＝男ヲ振ラナカッタナラ〉なほよかるらう。　　　　　　（歌謡・閑吟集, 1518年）
④ さびたらば，と（研）がざなるまひが　　（虎明本狂言・連歌毘沙門）
⑤ あの子が気にいらざア，外の子でもお呼びなんし。（洒落本・辰巳之園）

歌舞伎のせりふなどにおいても，こうした言い方が伝承されているのだとみるべきであろう。

2. 上代の「ずは」の解釈

「ずは」の語形とその解釈をめぐっては，さまざまな考え方があり，一つの重要なテーマとして論じられてきている。しかし，現在でも皆が納得するような確定的な解釈が定着しているとは言いがたい。それだけ問題の奥が深いのだとも言えよう。

ここでは，そうした問題の所在を明らかにし，いくつかの議論を紹介することによって，日本語史の基本的なテーマとその研究のあり方について，認識を深めることにしたい。

〔橋本進吉の説〕

近代において，「ずは」の問題を大きく取り上げたのは橋本進吉である。橋本は，『万葉集』における，次のような例に関して，本居宣長が「んよりは」の意味に解釈していることを示し，こうした例を広く集めて，考察している（橋本[5,6]）。〔筆者注：なお，和歌の番号は，本書では『新編国歌大観』によって示しているが，『万葉集』のみは，旧『国歌大観』によって示す。〕

① かくばかり恋ひつつ不有者（有らずば）高山の磐根し枕きて死なましものを　　　　　　　　　　　　　　　　　　　　（万葉・巻二・86）
② 験なき物を不念者（思はずば）一杯の濁れる酒を飲むべくあるらし
　　　　　　　　　　　　　　　　　　　　　　　　　　（同・巻三・338）

そうして，これらの歌が，「ずば」の箇所を「んよりは」のように解釈すると意味は通じやすくなるけれども，そのように解する根拠が示されていないことを不満とし，

③ たちしなふ君が姿を和須礼受波(わすれずは)世の限りにや恋ひわたりなむ

(万葉・巻二十・4441)

のように表記されていることから，「ずば」ではなく「ずは」と読むべきものであり，すなわちそれは，打消の「ず」の連用形に係助詞の「は」が接したものにほかならないと認定した。

3.「ずは」の歌の解釈

もともと橋本[5]では，例③の場合，解釈上問題のある例として取り上げており，次のように述べる。

> 万葉集古義などにはこの「和須礼受波」を「わすれずば」とよみ，「忘れなかつたならば」の意に解して居る。しかしながら「一生の間恋しく思ひつゞける事でせう」と別を惜む詞に「もしあなたの御姿を忘れなかつたならば」と条件をつけるものが何処にあらうぞ。この解釈の不穏当である事は何人も疑はないであらう。

ここから，この場合の「ずは」は，仮定条件ではなく，〈「ず」の連用形＋係助詞「は」〉ととらえるべきものだという結論が導かれたのである。

それでは，この特殊な「ずは」に対して，仮定条件を表す「ずば」(「ず」の未然形＋接続助詞「ば」)が別に存在したかというと，そうは考えられない。したがって，橋本の問題提起は，「ず」一般の仮定，あるいは，形容詞一般の仮定という，きわめて大きな，また，重要な問題として，その後も議論を呼ぶことになった。

仮定条件の場合も，「ず」が連用形であり，その連用修飾の用法に「は」がついたものだとするならば，そもそも，「ず」や形容詞の仮定条件とは，どのようなものであるのかが，問題とされることになろう。もともと「は」が清音であったことは疑いないとしても，その機能としては仮定条件を表すものとし

て，未然形に清音の接続助詞「は」がついたものと解釈しようとする立場もある（山口佳紀[11]など）。

〔山口堯二の説〕

　ここでは，特に，山口堯二[10]が橋本説を批判して説くところを見てみよう。山口は，「ずは」の形を〈「ず」の連用形＋係助詞「は」〉とみること自体は橋本の見解を認めているが，橋本が仮定条件として解釈できない，特殊なものとした歌に対して，あくまで仮定条件の表現の一種として把握すべきであるとする。

　山口は，橋本の説明では「ず」の機能を説明できても，助詞「は」の機能を説明できないとし，例③のような表現を，〈もし忘れなかったら〉という「疑問仮定」ではなく，「現実仮定」の用法とみること，すなわち，「忘れずは」は，忘れることなどないという予想のもとに，〈忘れない限り（万一忘れでもしない限り）〉という意味合いに用いたものとみる。それによって，後句の「世の限りにや恋ひわたりなむ」という事態に，仮定条件法における帰結としての保証性，強調性を与えるものであったと解釈する。

　また，例①の「かくばかり恋ひつつあらずは」の例は，古代語において，可能を表現することが未発達であり，「意志をもって実現を願っている事態も，古代語では意志の関与しない場合と特に区別する形を採らないのが普通である」として，可能の意味を補って解すべき例とみる。

　①かくばかり恋ひつつ不有者高山の磐根し枕きて死なましものを（再掲出）
（あらずは）
の口語訳は，〈これほど恋しい思いをせずにいられるなら，高山の岩を枕にして死にもしようものを〉のようになるという。願望の表現，「妻と言はばや」，「（鶯の）声を聞かばや」のような表現に対して，単に「言ったらなあ」，「聞いたらなあ」と訳すのでは不十分で，「言えればなあ」，「聞くことができればなあ」のように可能の意味を補ってとらえるべきものであることと共通するものと論じている。

　山口がこの二つの表現を判別したことは，考察を一歩進めたものとして評価できる。議論が，ともすれば仮定条件を表すものという形で，一括りにされることが多かったからである。

例③のような表現を，橋本が，論理的に仮定条件でありえないとしたのは，たしかに，仮定条件というものを単一なものとしてとらえていたことを示すものであろう。〈忘れることはない〉という前提のもとで，「それならば」という判断的な仮定を表すもの，すなわち，山口のいう「現実仮定」の表現とみれば，論理的な不都合性は解消する。

　ただし，もう一方の例①のような場合，可能の意味を補って解釈すべきだという点は，解釈上微妙なところであり，必ずしも十分な説得力を持ったものとは言いがたい。なお問題を残すところであろう。

4.「ずは」，「形容詞連用形＋は」の確認

　「ず」や形容詞の仮定条件を，「ずば」，「…くば」という動詞に準じる形ではなく，「ずは」，「形容詞連用形＋ハ」とする考えは広く支持されることになり，その後，文法の教科書や辞典などにおいても，打消の助動詞の未然形はないものとされたり，（　）に入れて示すことが一般になってきた。形容詞の未然形についても同様で，古典文法では普通，「高くは」，「美しくは」の「ハ」は連用形に接続する係助詞であるとされるのである。

　実際に，文献をたどってみると，少なくとも中世のころまでのものでは，「ずば」や「高くば」のような「バ」の確例を求めることは難しい。もっとも，古く，古典の文献では，濁点を表記する習慣がなかったため，平安・鎌倉時代あたりの清濁に関しては不明な部分が多い。しかし，室町時代になると，謡曲や平家物語の語り（平曲）など，古典芸能の世界で，「ずは」のような発音が伝承され，室町時代末期には，キリシタンの人々によるローマ字表記の文献が登場し，その発音の伝承が確かめられる。次の例は，キリシタン文献の一つ，『天草本エソポ物語』にみられるものである。

① 咽ニ指ヲサエ入レズワ（irezuua），苦シカルマジイト思ウテ
　　　　　　　　　　　　　　　（天草本エソポ・エソポが生涯の物語略）
② コノ人ヲ師トセズワ（xezuua），誰人カ師ニショウゾ。
　　　　　　　　　　　　　　　（同・エヂットよりの不審の条々）
③ 志ガ浅クワ（asaquua），ナゼニコレマデワ参ラウゾ？（同・狼と豚の事）

狂言の伝承では，現代の舞台では「ずは」と「ずば」の両用で，ゆれているようだが，大蔵虎明本（1642年書写），大蔵虎清本（1646年書写），和泉流『狂言六義』（寛永・正保ごろ書写）など，近世初期の台本においては，比較的濁音を丁寧に記すようになっているにもかかわらず，「ずは」あるいは「…くは」は，常に清音の形で表記されている。実際に清音で伝承されてきていることを示すものであろう。

5.「ずは」から「ずば」へ

　それでは，この「ずは」や「形容詞連用形＋ハ」が，どうして「ずば」，「…くば」の形に転じたのだろうか。
　その理由としては，まず，動詞の仮定表現が，もともと「未然形＋バ」の形で表されており，その言い方の類推として生じたものと言えるであろう。動詞の「未然形＋バ」の形式自体，近代語においては衰退の方向に向かっているのであるが，接続助詞「バ」が条件表現にあずかるという点では変わりがなく，「已然形＋バ」の形であっても，次第に仮定条件の表現に接近してきているため（第7章参照），
　　○行かねばならぬ。
という「已然形＋ば」による表現に対して，仮定条件の性格を強めると，
　　○行かずばなるまい。
という形をとることになったのである。
　「ずば」，「浅くば」などの濁音形は，明らかに近世に入ってから生じた形だと考えられる。「ずば」と確実に表記されたものとして，次のような例がある。

① 太郎くわじや太郎くわじや，歌のあとをつがずばとをすなとをすな
　　　　　　　　　　　　　　　　　　　　　　　　（狂言記・伊文字）
② お吉も与兵衛も是へ出よ。但（ただし）出ずばそこへ踏み込むと，呼はる声に
　　　　　　　　　　　　　　　　　　　　　　　（浄瑠璃・女殺油地獄・上）

　版本『狂言記』（万治3〈1660〉年）では，「ずは」と「ずば」が併用されているが，「ずは」が優勢で，「ずば」の発達は，上方では江戸時代中期以降，江

戸では江戸時代後期もかなり下るころのようである（吉川泰雄[12]参照）。

　また，漢文訓読文の系統において，「ズニハ」（「ズ」＋格助詞「ニ」＋係助詞「ハ」）による仮定条件の形式が，「ズンバ」の形に転じて用いられ，この形が「バ」を接続助詞のように意識させることにつながったものと考えられる。

③ 爰(ここ)に利益(りやく)の地をたのまずむば，いかんが歩(あゆみ)を嶮難(けんなん)の路(みち)にはこばん。権現の徳をあふがずんば，何(なんぞ)かならずしも幽遠(ゆうをん)の境にましまさむ。
　　　　　　　　　　　　　　　　　　　　（覚一本平家・巻二・康頼祝言(のっと)）
④ 仁者ヲ友ニショウ人ワ，悪イ者ニ遠ザカラズンバ（zumba），必ズソノ名モ，ソノ徳モホロビョウズ　　　　（天草本エソポ・炭焼きと洗濯人の事）

　以上のように，「ずは」は，一方では「ずば」に転じるのであるが，従来の「ずは」の形でも伝承され，それが融合したのが「ザー」の例である。形容詞の場合も同様で，「よくは」が「よかあ」のように発音されていた。このように歴史的にたどってくると，近世において「ずは」がすべて「ずば」に転じてしまったわけではなく，「ずは」の形も，かなりのちまで生きて機能していたことが知られるのである。

■ 発展問題

(1) 本居宣長の「ずば」を「ずよりは」とする解釈について，『詞玉緒(ことばのたまのお)』（巻七・古風）などで，確認してみよう。『本居宣長全集』第5巻（筑摩書房）所収。

(2) 本章に示した『万葉集』の用例について，注釈書などではどのように解釈されているか，いくつかの文献で「ずは」の説明を中心に調べ，比較してみよう。

(3) 参考文献欄に示した「ずは」，「ずば」に関する論考のいくつかを実際に読み，問題点を整理して考察してみよう。

(4) 古代語において，「ずは」と「已然形＋バ」の一環である「ねば」とは，意

味・用法上どのように使い分けられてきているか．総索引のある文学作品などで実際の用例を集め，比較考察してみよう．

■ 参考文献

1) 大岩正仲「奈良朝語法ズハの一解」(『国語と国文学』19巻3号，1942)
2) 大野　晋「万葉集のズハの解釈―助詞ハの機能から見る―」(『五味智英先生追悼　上代文学論叢』笠間書院，1984)
3) 此島正年「形容詞及形容詞的助動詞の順態仮説条件法」(『国学院雑誌』45巻10号，1939：『国語助詞の研究』桜楓社，1966所収)
4) 佐藤宣男「『ずは』についての問題点」(『文化』29巻4号，1966)
5) 橋本進吉「奈良朝語法研究の中から」(『国語と国文学』2巻1号，1925：『上代語の研究』岩波書店，1951所収)
6) 橋本進吉「上代の国語に於ける一種の『ずは』について」(前掲書，1951)
7) 宮田和一郎「『ずば』と『ずは』―中古語法覚書（一八）―」(『平安文学研究』21，1958)その他
8) 浜田　敦「形容詞の仮定法」(『人文研究』3巻6号，1952：『日本語の史的研究』臨川書店，1984所収)
9) 山口明穂・秋本守英編『日本語文法大辞典』(明治書院，2001)
10) 山口堯二「『ずは』の表現性」(『国語国文』41巻7号，1972：『古代接続法の研究』明治書院，1980所収)
11) 山口佳紀「古代条件表現形式の成立」(『国語と国文学』48巻12号，1971：『古代日本語文法の成立の研究』有精堂，1984所収)
12) 吉川泰雄「『善くば』『為ずば』などの濁音形について」(『金田一博士米寿記念論集』三省堂，1971：『近代語誌』角川書店，1977所収)
13) 吉永　登「奈良朝の特殊語法『ずは』について」(『国文学』3号，関西大学，1951)
14) 和田明美「上代語『ずは（ば）』について―仮定条件としての構文把握に向けて―」(『後藤重郎先生古稀記念　国語国文学論集』和泉書院，1991)
15) 小柳智一「『ずは』の語性―仮定条件句―」(『萬葉』189号，2004)

第8章　形容詞の否定表現「山高からず」は，どうして現代語では「山が高くない」と言うようになったのか？

【文法史，否定表現，断定表現】

キーワード：形容詞の否定，実質形容詞，補助形容詞，アラズ，ナシ

1. 形容詞の否定表現

　現代語において，形容詞や断定の助動詞「だ」などに対する否定表現は，たとえば，

　　　高く―ない。　　　　　　木で―ない。

のように，それらの連用形に，直接あるいは係助詞などを介して「ない」を添えるという形式をとっている。ところが，古典語の表現においては，このような場合，

　　　高く―あらず（高からず）。　　　木に―あらず（木ならず）。

のように，「あり」の一用法として「あらず」の形をとっていたわけである。どうして，このような表現の交替が行われるようになったのか，また，その交替現象によって，どのような結果が生じてきたのか，古代語から近代語への変遷の一問題として考えていくことにしよう。

　この現象に関して，古く，江戸時代における文法研究家富士谷成章(ふじたになりあきら)の，

　　　ただし，状(さま)（＝形容詞）をうけては「あらず」とよみたるぞよき。「なし」
　　　とよむ事好ましからず。　　　　　　（『あゆひ抄』巻四・不倫(ふとも)，1778年刊）

という指摘があり，近代に至ってからのものでは，佐伯梅友[4]の研究がある。佐伯は，「あらず」から「なし」への移行を，〈言い切りの違い〉，〈推量の言い方の違い〉，〈敬譲語法の違い〉などとともに，古代語と現代語（近代語）との基本的な相違点の一つとして位置づけている。たしかに，この交替現象は基本的な表現形式に関するものであるだけに，語法の変遷の上で重要な意味をもつ

ものと言えるであろう。「あらず」の消滅は，形容詞の補助活用「…からず」や助動詞「ならず」の形の衰退を導くことにもなり，影響するところがきわめて大きいのである。以下，その具体的な変遷過程をみていくことにしよう。

2.「あり」,「なし」の機能と分類

先の「あらず」,「なし」は，橋本文法でいうところの補助用言としての用法である。この「あらず」,「なし」は，前述した形容詞や断定の助動詞を受ける場合以外に，いくつかの用法がある。「あらず」,「なし」がいかなる語または品詞を受けているかによって，次のように分類し，考察を進めよう（以下，係助詞または副助詞を介在させている場合，助詞を介さずに直接続く場合，両者を合わせていう場合を，それぞれ，たとえば「さ―助詞―なし」,「さ―なし」,「さ―(助詞)―なし」のように表記する）。

A　副詞（「さ」,「しか」,「かく」など）を受ける場合。
B　形容詞および形容詞型活用の助動詞（「べし」,「たし」など）の連用形を受ける場合。
C　断定の助動詞および形容動詞「…なり」の連用形「…に」を受ける場合。
D　「にて」,「で」（C群の「に」＋接続助詞「て」，およびその融合したもの）を受ける場合。

3. 上代・中古における「あらず」,「なし」の用法

上代・中古における「あらず」と「なし」との用法について，佐伯[4]は，前述の『あゆひ抄』の指摘をもとに，次のように論を展開している。

(1)「なし」は，古代語では存在をいう「あり」に対して，非存在の意を表すものであった。また，古く『万葉集』などでは，非存在の意に「あらず」を用いることもまれではなかった。
(2) 副詞「さ」を受ける「なし」の例が『枕草子』に見える。鎌倉時代以後になると，形容詞や「にて」を受ける用法が出てくる。
(3) 万葉時代から「と」を受ける「なし」がある。これは「と」に体言性が

あることから納得されるが，このような言い方が，形容詞などを受ける「なし」のもとになっていると考えられる。　　　　　　　（以上，筆者要約）

　まず，(1) にまとめた点について言えば，たしかに，『万葉集』中，非存在の概念を表す「あらず」は 30 例以上を数える。このうち「あらなくに」というク語法の例が約半数を占め，そのほかも「あらぬか」，「あらねば」など固定化した例が多い。これに対して，非存在の「なし」は広く用いられており，非存在の表現としては，やはり「なし」が一般的なものであった。中古以降になると，非存在の「あらず」はきわめてまれになってくる。
　(2) の変遷過程については以下で考察することとし，ここで (3) の「と」を受ける場合について検討しておこう。『万葉集』（日本古典文学大系本による）においては，
　① なかなかに人跡不有者（あらずは）酒壺に成りにてしかも酒に染みなむ
　　　　　　　　　　　　　　　　　　　　　　　　　（万葉・巻三・343）
　② 咳（しはぶ）かひ鼻びしびしにしかと阿良農（あらぬ）ひげかき撫でて　（同・巻五・892）
のような「と─（助詞）─あらず」と，
　③ 忘れ草わが紐に着く時常無（ときとなく）思ひ渡れば生跡文奈思（いけりともなし）　（同・巻十二・3060）
　④ 卯の花の開登波無（さくとはなし）二ある人に恋ひや渡らむ片思（かたもひ）にして　（同・巻十・1989）
のような「と─（助詞）─なし」が共存している。推定訓みの例を含めて，「あらず」8 例に対して「なし」は 22 例と，むしろ「なし」のほうが優勢である。「あらず」の例①などは，のちの断定「たり」に先行するものであり，明らかに「に─（助詞）─あらず」に近い補助的用法と考えられる。
　一方「と─（助詞）─なし」は，「わざと─（助詞）─なし」，あるいは形容詞として扱われる「そこはかと─なし」，また，代名詞を受ける「なにと─（助詞）─なし」，「いづこと─（助詞）─なし」などの用法を考えると，〈……ということもない〉という表現であり，「なし」は形容詞としての概念性の強いものであったと考えられる。ただし，この「と─（助詞）─なし」の用法は，「と─（助詞）─あらず」と同様，補助的用法の萌芽をなすものでもあり，「なし」の補助的用法の発生に対して，その契機となっているものとして位置づけることができるであろう。

4. 中古和文における補助用言「なし」

補助用言としての「なし」は，主として中世（院政期を含む）において発達したものであるが，その早い例はすでに中古の和文にも現れていて注意される。以下，各群ごとに検討していこう。用例は日本古典文学大系本による。

A群
〔副詞「さ」を受ける場合〕
① 「いととく御前許され給ふ人はいかならむ」と，「我等こそさもなかりしか」とうらやみあへれば　　　　　　　　　　　　　　　　（落窪・巻二）
② よる鳴くもの，なにもなにもめでたし。ちごどものみぞさしもなき。
　　　　　　　　　　（枕草子・鳥は）〔本文は三巻本。この例三巻本以外本文なし〕
③ 立蔀（たてじとみ）・透垣（すいがい）などのもとにて，「雨降りぬべし」など聞こえごつもいとにくし。いとよき人の御供人などは，さもなし。
　　　　　　　　　　　　　　　　　　　　　　　　　　　（同・懸想人にて来たるは）
　　　　〔能因本：さやうにはあらねど，前田本・堺本：さもなし〕

副詞「さ」を受ける場合は，副詞単独では述語となりえないから，活用語を受ける場合と同一には論じられない。しかし，「なし」は単なる非存在の概念を表しているのではなく，やはり否定判断を表しているものと考えられる。「さ」の表す概念が漠然としている場合もあるが，例②や例③は，それぞれ「めでたくしもなし」，「憎くもなし」という形容詞の概念を「さ」に置き換えたものであり，このような用法からみても，補助用言に含めて考えるべきものであろう。

B群
〔形容詞を受ける場合〕
④ 年ごろ，下の心こそいと懇に深くもなかりしか，大方には，いとあらまほしうもてなしかしづき聞こえて　　　　　　　　　　　　（源氏・柏木）
⑤ 「されど寂しう事うちあはぬ，みやび好める人のはてては，物清くもなく，人にも人とも覚えたらぬを見れば」　　　　　　　　　　（同・東屋）
⑥ ことにをかしき所も見えず。浜も砂子白くなどもなく，こひぢのやうに

て　　　　　　　　　　　　　　　　　　　　　　　　　　（更級）

〔「べし」を受ける場合〕
⑦　すもりにと思ふ心はとゞむれどかひある<u>べくもなし</u>とこそきけ
　　　　　　　　（大和・九四段）〔御巫本・鈴鹿本：あらずとぞきく〕
⑧　「まことの心ばへのあはれなるを見ず知らずは、かうまで思ひ過ぐす<u>べうもなき</u>けうとさかな」と思ひ居給へり。
　　　　　　　（源氏・真木柱）〔本文は青表紙本。河内本：べくもあらぬ〕
⑨　あはれにはかなくたのむ<u>べくもなき</u>かやうのはかなし事に
　　　　　　　（和泉式部日記）〔寛元奥書本・応永奥書本：たのむべくもあらず〕

　形容詞および「べし」を受ける例は、『源氏物語』をはじめ、平安時代でも比較的後期の文献に現れている。ただし、異本によっては「あらず」とするものもあり、本文批判上の問題のあるものは、中古の用例としては存疑とすべきであろう。しかし、中古においても補助用言としての「なし」が現れ出しているということは、ほぼ確実である。
　本来、実質的な非存在の概念の表現に限られていた「なし」が、補助的用法をも生じるようになったものであるため、特に移行の初期の段階においては、そのいずれであるか、判定の困難な例がしばしば見られる。阪倉篤義[5]が「あり」について、
　　そもそもこの「あり」といふ動詞があらはす「事物の存在」といふ概念そのものが、本来、他の動詞のあらはす動作・作用などの概念に比して、抽象的・形式的であるために、この動詞の意味が、どこまでは実質的であり、どこから形式化して指定の意味だけをあらはすものになつたとみとめるべきか、それをきめることはなかなか容易ではない　　　　（p.113）
と説いている点は、「なし」についてもまったく同様である。そして、「なし」が〈……の状態で―存在しない〉という非存在の表現をもととして補助用言化し、一方の「あらず」の場合も、そのような非存在の意味をなおとどめているため、「あらず」と「なし」とが共通の用法として認められるようになってきたのである。

C群，D群

〔「に」，「にて」を受ける場合〕

⑩ かぢとりのいふやう，「黒鳥のもとに，白き波を寄す」とぞいふ。このことば，<u>なにとにはなけれども</u>，ものいふやうにぞ聞こえたる。

(土左・一月二十一日)

⑪ 「風の前なると聞こゆべき<u>ほどにもなく</u>聞きつけて侍りしほどの」

(堤中納言・このついで)

⑫ 「今はの給はむ事をたがへむもあいなき事なり。あるまじき所へおはする<u>にてもなし</u>」　　　　　(同・思はぬ方にとまりする少将)

『土左日記』の例⑩はテキストの校異に異文は見えず，原本においてすでに用いられていたものと考えてよいであろう。『土左日記』には「とに―(助詞)―あらず」の例が3例あるが，これと「と―(助詞)―なし」との混淆(コンタミネーション)によって生じたものかと思われる。いずれにしても，きわめて早い例として注目される。

なお，『堤中納言物語』の例⑫は「にて」を受ける例であり，注目すべきものであるが，この作品は，各篇ごとに作者，成立年代を異にすると言われており，中古の用例と言えるかどうかは保留とすべきであろう。

5. 中世の変遷過程

院政期以降，「あらず」から「なし」への交替現象は顕著になる。以下，中世の文献を資料とし，変遷過程をみていこう。

〔説話集，軍記物語，歌論書などの場合〕

まず，院政期から鎌倉・室町時代にかけての説話集，軍記物語，歌論書などにおいて，補助用言としての「あらず」，「なし」が，いかなる上位語を受けているかに注目し，各群ごとに考察していくことにする。

A群

副詞「さ」を受ける場合は，用例数があまり多くないが，早くから「なし」

が一般化していることが認められる。「なし」の場合には，「さなきだに」，「さなくては」など助詞を介さない例も見られるが，「なし」，「あらず」とも，係助詞「も」を介す例が圧倒的に多い。特に「あらず」の例は，『大鏡』の2例を除くと，

① 陰陽師，「こはいかに」とて，馬をこひければ，「さもあらず。汝ほどの物が貞弘をよびて庭乗させて見るべき事かは。……」（古今著聞集・巻十）

のように，会話文で言い切りの形をとる慣用的用法に限られている（このような例は中古にもある）。これらは，「とんでもない」などの訳語があたるところの，強意の否定として解すべきものと思われる。『平家物語』に，「さも候はず」の音変化した「さもさうず」という例があり，強い否定を表すことが指摘されているが（大系本『平家物語』補注，上巻，p.441），共通する表現であろう。

「なし」は，前述の「さなきだに」など慣用的用法のほか，係助詞「も」を介して，終止法に限らず，また，会話文，地の文を問わず用いられており，すでに「あらず」よりも一般化していることが知られる。意味的には，現代語の「そうではない」，「そうでもない」などにあたると考えられるが，やはり慣用的性格を持つものであろう。相手の質問に対して，「そうではない」と答える場面では，

② 夫，「……生贄ヲバ人造テ神ニハ備フルカ」ト問ヘバ，妻，「然ニハ非ズ。……」　　　　　　　　　　　　　　　　　　　　　（今昔・巻二六・八）
③ 「凝当（ぎょうだう）と申し侍るは，底にこりたるをすつるにや候ふらん」と申し侍りしかば，「さにはあらず。魚道也。……」とぞ仰せられし。

（徒然草・一五八段）

などのように，「さにはあらず」と表現されるのが普通であり，「さもなし」は，このようなC群による否定判断の表現とは，性格を異にするものであったと考えられる。

「さ」のほかには，「かく」および「しか」を受ける例がある。融合形「さらず」が各文献に見られるほか，漢文訓読の影響の強い軍記物語などには「しからず」の例も多い。「しからずんば」などの形で，慣用化した表現となっている。

B群

　形容詞を受ける場合，『大鏡』には「あらず」2例のみで，「なし」は現れていないが，『今昔物語集』では本朝世俗部について調査すると，すでに「あらず」と「なし」とがほぼ等しい用例数を示している。『宇治拾遺物語』や『無名抄』では，少数ながら「あらず」のみが用いられており，鎌倉時代の初期は，いまだ過渡的な段階であったものと思われる。ところが軍記物語などにおいては，「あらず」はほとんど用いられず，すでに「なし」に統一されているのである。

　ただ，ここで注意されるのは，形容詞の否定例が，ごく少数しか現れていないという事実である。『平家物語』を例にとるならば，読み本系の延慶本，語り本系の覚一本ともに，形容詞を受ける「あらず」の例はまったく見られないし，「なし」のほうも，

　④ 故郷(ふるさと)も恋しくもなし旅の空都もつゐのすみかならねば

（覚一本平家・巻十・海道下）

という共通例のほかには，覚一本に，

　⑤ 件(くだん)の瀬のやうなるところをわた（ッ）てみるに，げにもいたく深うはなかりけり。　　　　　　　　　　（覚一本平家・巻十・藤戸）

の例があるにすぎない。これは，融合形「…からず」が，依然として中心的な表現形式として用いられていることによる。この形は，延慶本で約110例，覚一本で約60例を数える。この融合形の多用という事実は，補助用言「なし」の発達はたしかに認められるものの，それはいまだ発展途上にあることを物語るものである。当時の資料の範囲で，助詞を介さない「恋しく―なし」などの例が皆無であることからも，そのことが指摘できるであろう。

　中古においても，「恋しく―あらず」のような助詞を介さない例は，融合形として表現されるため，きわめてまれであり，「あらず」は助詞を介して用いることが一般的であった。「なし」はこのような用法の「あらず」と交替したものであるから，初期の段階においては，助詞（多くは係助詞「は」，「も」）を介すことによって，「…からず」の影響から解放され，また，表現形態として「なし」の独立性が保たれたのであろう。これは，「なし」の発達を可能にした一つの要因ということができ，やがて補助用言として一般化するに従って，

助詞を介さない用法をも生じてきたことが知られるのである。

　次に「べし」を受ける場合も，移行過程としては，形容詞の場合と同様であり，むしろ形容詞を受ける場合よりも用例数は多い。説話集，軍記物語などにおいて，「べし」を受ける例は，『覚一本平家物語』に「べくはなし」が1例見られるほかは，「あらず」，「なし」ともに「も」を介す例に限られている。これは，中古の場合にもほぼ共通する現象であり，慣用的性格の強いものであったことが知られる。「べくもあらず」，「べくもなし」は，〈……できそうもない〉という不可能の予測や〈……するはずがない〉という当然の否定判断などを表すが，禁止表現に用いられないという点で，融合形「べからず」とは意味の領域を幾分異にしている。「べからず」は，中古においては漢文訓読語としての性格を持ち，和文にはまれであることが明らかにされているが（第4章参照），中世になると，各文献に一般的に見られるようになっている。中世，特に鎌倉時代から室町時代前期においては，「べからず」が文語的表現であるのに対して，「べくもなし」（「べくもあらず」）は，口語的表現としてとらえられるであろう。

　C群，D群
　助動詞「なり」の連用形「に」を受ける「あらず」は，「なし」に比較して，各文献において圧倒的に多用されている。特に，中古の和文と異なる傾向として，助詞を介さない「に―あらず」の例が一般的に見られることが指摘される。漢文訓読調の強い『延慶本平家物語』や『沙石集』などでは，その傾向が特に顕著であり，漢文訓読語法との強い関連を思わせる。

　「に―（助詞）―なし」の例は，「あらず」との比較で言えばきわめてわずかであるが，『大鏡』，『今昔物語集』などに現れている。

⑥「などてかはとは申しながら，いづれと聞こえさす<u>べきにもなく</u>とりどりにめでたくおはしまさふ。」
　　　　　　　　　　　　　　　　　　　　　　　　　　　　（大鏡・巻五）
⑦ 敵ニ<u>可値者</u>（あふべきもの）<u>ニモ无カリ</u>ケレドモ，云甲斐无ク女（いひがひな）ドモニ被打殺（うちころされ）ニケレバ
　　　　　　　　　　　　　　　　　　　　　　　　　　　（今昔・巻二六・二三）

しかし,「やうに」などを受ける場合を除いて,結局このような「に―(助詞)―なし」は発達しえなかった。それは,「に―(助詞)―あらず」の勢力が強く,「に」と「あらず」とが緊密に結びついていることによるものと考えられる。

形容動詞の連用形を受ける場合は,融合形「…ならず」の形をとる傾向が非常に強く,「あらず」,「なし」ともに用例が少数であるため,分布の傾向ははっきりしない。ただし,

⑧ 生れ給ひしより以来(このかた),養君にていだきそだてまいらせたれば,いかであはれになかるべき。　　　　　　　（金刀比羅本平治・中・義朝敗北(ことひら)の事）

という,助詞を介さない「なし」の例も見られ,助動詞を受ける場合とは異なって,徐々に発達してきていることが知られる。

次に,D群「にて」を受ける例について述べよう。D群の例は,助動詞の連用形「に」に「て」の接した「にて」に限られ,形容動詞の「…にて」を受ける例は見られない。「にて―(助詞)―なし」の早い例としては,『堤中納言物語』の例（前節例⑭）があったが,『今昔物語集』にも次の例がある。

⑨ 其ノ尼,本ヨリ公ニ申シテ行フ事ニテモ無カリケレバ,訴ヘ申ス事モ無カリケリ。　　　　　　　　　　　　　　　　　（今昔・巻三一・一）

説話集では例が少ないが,軍記物語や歌論書などでは,「にて―(助詞)―なし」はかなり一般化している。それでは,C群の「に―(助詞)―あらず」に対して,D群の場合,なぜ「なし」が一般化しえたのであろうか。この点に関しては,次の二つの理由が考えられる。

(1) 中世においては,「あらず」は「に―(助詞)―あらず」の形で慣用的な用法としてのみ残存する傾向をみせており,文語的性格の強いものになっていること。
(2) 「にて」は接続助詞「て」によって状態的な意味が添加され,形容詞,形容動詞の否定の場合と共通性をもつこと。

「に―(助詞)―あらず」が文語的な用法であるのに対して,「にて―(助詞)―

なし」は口語的性格の用法として発達を遂げたものと言うことができる。

〔抄物,キリシタン文献,狂言台本などの場合〕
　次に,室町時代の状況を簡単にみておこう。抄物(『史記抄』は抄物資料集成〈清文堂出版〉により,その他は抄物大系〈勉誠社〉による),キリシタン文献,狂言台本など,中世末期,室町時代の口語文献になると,「アラズ」はC群に少数例が見られるにすぎず,交替現象としてはほぼ完了していることが知られる。

　A群
　抄物などでは,従来どおりの「サ―(助詞)―ナイ」のほかに,
⑩　人ハ富貴ニシテハ故旧ヲ忘ル、物ヂヤガ,サウナイハヨイ人デアラウゾ。
(毛詩抄・九)

のような「サウ―(助詞)―ナイ」が用いられ,「カウ―(助詞)―ナイ」に対応している。融合形としては,「シカラズ」,「カカラズ」の例があるが,ほとんど消滅しており,したがって,交替は完了しているわけである。
　ただ,このA群の否定は,現代語への直接的つながりは持たないようである。現代語では,「ソウ―(助詞)―ナイ」,「コウ―(助詞)―ナイ」は普通用いられず,否定判断を表す場合には,「ソウデ―(助詞)―ナイ」,「コウデ―(助詞)―ナイ」という,D群の表現形式によっているわけである。A群の用法としては,わずかに「サ」を受ける「サモナケレバ」,「サモナイト」などの慣用句の形で残存することになる。

　B群
　形容詞を受ける例としては,前述したように,助詞を介さない例が一般化していることが注目される。融合形「…カラズ」は,文献の性格によっては,なおかなりの用例数を示している。しかしながら,慣用的なものを除いて,口語では融合形はほとんど消滅していると言ってよい。

5. 中世の変遷過程

C群，D群

「ニ—(助詞)—アラズ」は，抄物では，『中華若木詩抄』のように比較的多く使用しているものもあるが，『史記抄』や『毛詩抄』では，訓読本文の引用など，限られたものになっている。キリシタン文献では『天草本ヘイケ物語』に3例程度。狂言台本でも，次のような例が見られるにすぎず，やはり文語的なものに限られている。

⑪ 是は洛中にすまひする者にて候。たゞ今是へ出る事<u>よのぎにあらず</u>。禁中に，大ぜうゑ（大嘗会）のまつり事やらんに，さいのほこ（犀の鉾）のやく（役）をいたすものじやとあつて，……　　（大蔵虎明本・髭櫓）

⑫ 是は此あたりに，とし久しくすむきつね（狐）にてあるが，是へ出る事，<u>べちの子細にあらず</u>，……　　（同・釣狐）

融合形の「ナラズ」は，これらの文献になおかなりの用例が認められる。しかし，この時代には，未然形「ナラ」（および形容動詞「…ナラ」）は，接続助詞「バ」に接することが圧倒的に多くなり，仮定表現の形式として限定化する傾向を強めてきているのである。「ニ—(助詞)—アラズ」が一般的でなくなった段階においては，「ナラズ」は単に慣用的用法として残存しているにすぎず（実際に「ナラデ（ハ）」という固定化した例が多い），次第に消滅していくことは当然であろう。これはB群の場合にも同様に言えることである。

次に，「ニ—(助詞)—ナイ」についてみると，体言を受ける場合，

⑬ 序ノ文ハ<u>詩ニハナケレ</u>共，ソノ心ヲモッテシタゾ。　　（毛詩抄・九）

⑭ 不才ナルヲモ，捨置ベキ<u>コトニナイゾ</u>。　　（中華若木詩抄・中）

のような例も散見するが，ほとんど「デ—(助詞)—ナイ」の形に移行している。

ただし，形容動詞を受ける場合（「ヤウニ」，「サウニ」を含む）は，各文献においてもっぱら「…ニ—(助詞)—ナイ」の形で表現されており，ほとんど「…デ—(助詞)—ナイ」の例をみない。例を示すと次のごとくである。

⑮ <u>険阻ニモナイ</u>程ニ，人ノトヲルニカクレモナイ処ヂヤ。　　（毛詩抄・五）

⑯「ソレヲ何ゾトイウニ，音声ガイササカ鼻声デ明ラカニナイト申スガ，
……」　　　　　　　　　　　　　　　　　　（天草本エソポ・烏と狐の事）

⑰　その入間様をのけて，まんぞく（満足）なか，満足になひかおしゃれ
　　　　　　　　　　　　　　　　　　　　　　　　（大蔵虎明本・入間川）

　中世末期において，形容動詞を受ける場合，「…ニ―（助詞）―ナイ」の形を
とり，助動詞の「デ―（助詞）―ナイ」と区別されていたのは，いかなる理由に
よるものであろうか。これは肯定の場合にも共通するものであるが，連用修飾，
あるいは連用中止法として用いられる形容動詞の機能に由来するものと言える
であろう。たとえば，「明ラカニ―（助詞）―ナイ」における「明ラカニ」とい
う連用形の機能は，「高ク―（助詞）―ナイ」における形容詞「高ク」のそれと
同一であり，したがって，形容詞の場合について述べたように，〈……の状態
で，存在しない〉の意味をなお保つものとして用いられていたものと考えられ
る。助動詞の連用形を受ける場合には，「ニテ」という「テ」の介入した形に
よって，はじめて「ナシ」が発達しえたのに対して，形容動詞を受ける場合に
は，その状態的性格のゆえに，「テ」を必要としなかったものと考えられる。
「ナリ」から「ダ」への移行に関してはさまざまな考察があるが，このような
問題をも含めて，さらに追究すべきであろう。

　「あらず」から「なし」への交替現象は，「あり」が実質的用法とともに，補
助用言としての用法を持つことに対応して，「なし」の用法が拡大したものと
して位置づけられる。これは，「あり」の否定形式である「あらず」と，「あり」
の反対語である「なし」とが，意味的に等価値であるところから起こりえた現
象である。

■ 発展問題

(1) 形容詞の補助活用としての「ない」と，助動詞の「ない」との共通点，相違
　　点を調べてみよう。

(2) 『平家物語』など，中世の文献を選んで，「べからず」と「べくもあらず」，「べ

くもなし」の用例を集め，その意味や用法を分析してみよう（総索引を利用するとよいが，場面や文脈に注意することが必要である）。

(3) 断定の表現は，古代語の「なり」から近代語の「だ」（ぢゃ，や）へとどのように移り変わってきたのか。参考文献欄の論文などを参照して，調べてみよう。

(4) 時枝誠記(ときえだもとき)は，形容動詞を認めず，「健康だ」は，体言「健康」と助動詞「だ」に分析する立場に立っている。その考え方の根拠を時枝著書[8]や『日本文法　口語篇』（岩波書店，1950）などで調べてみよう。

■ 参考文献

1) 小川栄一「指定のニアリとニテアリの対立―下接助動詞の傾向より考える―（Ⅰ・Ⅱ）」（『福井大学国語国文学』25号，『福井大学教育学部紀要』第Ⅰ部35号，1986）
2) 春日和男『存在詞に関する研究―ラ変活用語の展開―』（風間書房，1968）
3) 小林賢次「否定表現の変遷―「あらず」から「なし」への交替現象について―」（『国語学』75集，1968：『狂言台本を主資料とする中世語彙語法の研究』勉誠出版，2000に改稿所収）
4) 佐伯梅友「古代語と現代語」（『大東文化大学紀要』3号，1965）
5) 阪倉篤義『語構成の研究』（角川書店，1966）
6) 信太知子「『である』から『ぢゃ』へ―断定の助動詞の分離型と融合型―」（『神女国文』9号，1998）
7) 坪井美樹「形容動詞活用語尾と断定の助動詞―歴史的変遷過程における相違の確認―」（『馬渕和夫博士退官記念　国語学論集』大修館書店，1998）
8) 時枝誠記『国語学原論』（岩波書店，1941）
9) 浜田　敦「形容詞の仮定法」（『人文研究』3巻6号，1952：『日本語の史的研究』臨川書店，1984所収）
10) 矢島正浩「中世後期～近世前期における形容動詞連用形ニ・デの併存について―補助動詞を下接する場合―」（『国語国文学報』49集，愛知教育大学，1991）
11) 山本正秀「デアルの沿革」（『国語学論集〈橋本博士還暦記念会〉』岩波書店，1944）

第9章 「飛び上がらんばかりに（驚いた）」は，飛び上がりそうになったのか？

【助詞助動詞，慣用句】

キーワード：程度と限定，打消の助動詞ヌ（ン），推量の助動詞ム（ン），国語辞典の記述

1. 問題の所在

「動詞未然形＋ン＋バカリ」の形式による慣用表現として，
○どうだ，と言わんばかりの態度。
○飛び上がらんばかりに驚いた。
○泣かんばかりに頼む。
などの言い方がよく使われる。しかし，その意味を正しく理解して使っているだろうか。実は，国語辞典などの記述においても，その解釈はかなりゆれていて問題が多いのである。

2. 国語辞典の記述

国語辞典類の記述をみると，次のように，二つの立場があることがわかる。代表例を示しておく。

A 「ん」を推量の助動詞とみるもの。
○『現代国語例解辞典』（第2版，小学館，1993）
　んばかり　　活用語の未然形について「今にもつかみかからんばかりの形相でにらみつけた」のように動作や状態が起きる寸前であることを示す。
　▽推量の助動詞「ん」に副助詞「ばかり」のついたもの。

B 「ん」を打消の助動詞とみるもの。
○『広辞苑』(第5版, 岩波書店, 1998)
ばかり ⑤ (打消の「ない」「ぬ(ん)」に付いて) はっきりそうしないだけで, ありありと現れているさまを表す。「どうだと言わん—の顔つき」

どちらの立場をとっているか明瞭でないものもあるが, 最近では, 語史研究の成果が定着しつつあり, Bの立場が優勢になってきているようである。
『日本国語大辞典』(小学館) では, 初版 (1972) においても打消の「ん」という立場をとっており, 第2版 (2001) では,

ばかり ③ (打消の助動詞「ぬ(ん)」「ない」などに下接して) ②から派生した用法。表面で…しないだけで実質的には…したのも同じということから, 今にも…しそうであるの意を表わす。

と説明されている。近年の刊行である『明鏡国語辞典』(大修館, 2002) でも,

表現 ③の「…んばかりだ」の「ん」は, 本来打ち消しの「ぬ」に由来し,「…ぬばかりだ (=…しないだけで…したかと思うほどの)」の意。後に推量の「む」と混同され, …しそうなくらいだ, と解釈されるようにもなった。

と適切な説明がなされている。この説明のとおりなのだが, ここでもう少し深めて考えてみよう。

3. 「ンバカリ」の解釈

この「ンバカリ」の解釈について論じるには, 当然のことながら, この表現形式の成立や展開に関して歴史的な観点から把握する必要がある。『日本文法大辞典』(明治書院, 1971) の「ばかり」の [補説] では, 湯沢幸吉郎[7], 此島正年[2] の両説を紹介している。この問題について正面から論じたものとしてもっとも早いのは, 湯沢[7] の次の論のようである。

「拝まんばかりにしてお願ひした」のやうな言ひ方があるが，この「ん」は何か，また「ばかり」の意味如何が問題である。若し「ん」を打消の助動詞「ぬ」と同じものと解すると，「ばかり」は「だけ」の意味に取るより外なく，「形に表して拝むことはしないだけのことで，実は拝んだも同様にして願つた」意味になるであらう。しかもこの解釈は今日一般に採用されてゐるかと思はれる。筆者はそれとは違つて，「ん」は文語の推量の助動詞「む」と同じ語で，「思はん子を法師になして」「やがて散らん花」などの「ん」と同じ用法に立つものと思ふ。是等は口語に「思ふだらう子」「散るだらう花」と直訳は出来ず，口語ではかゝる場合，推量の助動詞を用ひないで「思ふ（かはいゝ）子」「散る花」といふのである。　　（p.210）

　ただし，湯沢は，語源としては推量の「ム」に由来するものとしながらも，江戸時代にすでに打消の「ヌ」と考えられるようになったとして，「ヌバカリ」や「ナイバカリ」の例を示している。のちの湯沢[8]においても同様の説明がなされ，『春色梅兒誉美』などにおける「ヌバカリ」の例のほか，「『ぬ』の代りに『ない』『ざる』をさえ用いた例が現われる」として，

① 鼻紙手拭頭巾足袋履物までそろへて，ハイ御機嫌ようお遊びなさいましトいはねへばかりにして出すのだはな　　　　　　　（浮世床，二上）
② 男が手をついて，あやまらねへばかりにしてゐるじやァねへかナ
　　　　　　　　　　　　　　　　　　　　　（辰巳園，八ノ四，一一オ）
③ 丹次郎と米八が，つかみ合はざるばかりにて入り来りしゆゑ……
　　　　　　　　　　　　　　　　　　　　　（辰巳園，七ノ一，三オ）

の例が示されている（増訂版，p.687）。湯沢がこのように打消の「ヌバカリ」の例をあげながら，あえて「ンバカリ」の語源を推量の「ム」に由来すると解釈する理由は，詳しくは述べられていないが，「思はん子」などの説明によれば，古代語において未来あるいは未確定の事態を仮想的に提示した連体用法の場合，「……ム（コト）」のように用いられることを重視したものであろう。しかし，せっかくの用例の採集を無視する解釈を提示しているのは残念である。一方，此島[2]は，次のように，打消の「ぬ」に由来するという見解を提出している。妥当な結論と言えるであろう。

「泣かんばかりに頼む」等の「んばかり」は，「泣くであろう程に」「泣きそうな程に」と解すれば，用言を受けて程度を表わす古代の用法の残存のように見えるが，「泣きそうな程に」に当る古代の形式は「泣きぬばかりにいへば」(帚木)等の「動詞連用形プラス完了ぬプラスばかり」であろう。現代の「んばかり」は多分

　　露をなどあだなるものと思ひけむわが身も草におか<u>ぬばかり</u>を
　　　　　　　　　　　　　　　　　　　　　　　　　　　(古今・十六)
　　御衣の御うしろひきつくろひなど，御くつを取ら<u>ぬばかり</u>にし給ふ，
　　いとあはれなり　　　　　　　　　　　　　　　　　　(紅葉賀)
　　衣裳などはみな濡らして死な<u>ぬばかり</u>にて帰りたる由　(沙石集・八)

のような「打消ぬプラスばかり」の転化であろうと思う。「ぬ」が東国語法で「ない」に変れば

　　涙をこぼさ<u>ないばかり</u>にいやがるが　　　　　　(閑情末摘花・三)
　　ハイ御機嫌ようお遊びなさいましといはね<u>えばかり</u>にして出すのだな　　　　　　　　　　　　　　　　　　　　　　　　　(浮世床・二上)

等の形式になる。これらの「ばかり」はやはり限定で，従って本来は「わが身も草におかないだけなのに」「死なないだけの状態で」の意であるが，「草におかないだけ」「死なないだけ」は一歩転ずれば「草におく」「死ぬ」状態になりかねない意であるから，このような状態の具合から「ぬ」が推量「ん」に類推転化し，その結果として「ばかり」があたかも程度の意を表わすように見えるのではないかと思われる。

4.「ヌバカリ」など諸形式の成立と発達

以上のように，現代語における「ンバカリ」については，「ン」を打消，推量のいずれにとるか，解釈が分かれているものの，時代をさかのぼると，明らかに打消の表現である「ヌバカリ」の例が広く見られるのである。『日本国語大辞典』(第2版)には，「言う」の小見出しに「いわぬばかり」の項目があり，

　　いわぬばかり　　口に出して言わないだけ。口にこそ出さないが，態度や様子から明らかにそれと察せられるという意。＊虎寛本狂言・柿山伏（室

町末～近世初）「いや，是に上て食へと言ぬ斗りの，能いのぼり所が有る」
＊俳諧・曠野（1689）二・暮春「いまきたといはぬばかりの燕かな〈長之〉」
＊多情多恨（1896）〈尾崎紅葉〉前・二「可厭（いや）な奴が来たと謂（い）はぬばかりである」

と記されている（初版と内容は同一。この項目はすでに『大日本国語辞典』にもあり，ほぼ同様な語釈と狂言「柿山伏」の挙例がある）。近世後期の狂言台本である大蔵虎寛（とらひろ）本（1792年書写）には，さらに，次の例もある。

① イヤ，来るほどに，栗を焼（やけ）といはぬ斗りの，上々のおきが有る。扨々（さてさて）是は能（よい）所へ参た。　　　　　　　　　　　　　　　　　　　　（虎寛本・栗焼）

近世後期の和泉流の台本においても，ほぼ同様の例が認められる。近世後期，固定・伝承期の狂言台本において，特に「栗焼」の炭火を見つける場面で「……と言はぬばかり」の表現をとることが定着しているのである。

狂言以外のものに目を向けてみると，近世初期までのものとして，次のような例がある。

② 総ジテ，塵ノタツニハ，水ヲ洒ク者ゾ。御遊アレト云ハヌバカリナル天気也。　　　　　　　　　　　　　　　　　　　　（中華若木詩抄（ちゅうかじゃくぼく）・上）
③ 今ノ浮世ハ，才名アルモノハ，人ニ，シコヂラレテ，細々流罪ニ逢フト，云ワヌバカリゾ。　　　　　　　　　　　　　　（三体詩素隠抄（そいん）・一・二）
④ アラ，ハカナノ，ワガ心ヤト，イワヌバカリゾ。　　　　　（同・三・三）
⑤ 前膝をかつぱとをり，両眼より，黄なる涙をこぼひたは，人間ならば，のれといはぬばかりなり　　　　（をぐり〈絵巻〉六。『説経正本集』一）
⑥ 各の御あつかひ御無用是非うちはたし申さんなどいふて腰刀ひねくりまはす，これただ此の口論をよきやうに御あつかひくだされよといわんばかりのしかたなり　　　　　　　　　　　　　　　（身の鏡・下・口論の事）

いずれも，「……と言はぬばかり」の例で，〈……と口に出してこそ言わない

が，言ったも同様〉の意味に解されるものである。現代の「言わんばかり」の用法に直接つながるものと言えるであろう。室町時代の抄物では，今のところ例②の『中華若木詩抄』以外には，このような「ヌバカリ」の例を見出していないが，元和8（1622）年の刊である『三体詩素隠抄』にはすべて「……ト云ハヌバカリゾ」の形で慣用的に用いられている。なお，例⑥の仮名草子『身の鏡』は万治2（1659）年の刊行であり，「言はんばかり」に転じた早い例として注目される。

　以上，室町時代から江戸時代初期にかけて，特にこの「……と言はぬばかり」の表現が慣用的に用いられ出していたことが知られる。さらに近世中期ごろに至ると，「ヌバカリ」の形式そのものがかなり一般化していたようであり，近松や西鶴の作品には，「……と言はぬばかり」のみならず，「言ふ」以外の表現も多く用いられている。『近世文学総索引』（教育社）によって検索すると，次のような諸例が認められる。

〔近松世話浄瑠璃〕
　⑦ エ、いやらし手がけがれたと。たぐつて庭にひらりとなげ。ひろへと<u>いはぬ計</u>成思ひのやみぞ詮かたなき。　　　　　　（鑓の権三重帷子・上）
　⑧ 銀さいふ一つ投出し。はやう出ていけ出ていけと<u>いはぬ計</u>に門の方。をしゆる手さへ引入るれば。　　　　　　　　　　（博多小女郎波枕・中）
　⑨ 「をひたをされて生きた心もせぬ所に。請出す談合極まつて<u>手を打ぬ計</u>」と云。　　　　　　　　　　　　　　　　　　（冥途の飛脚・上）
　⑩ 「あのとつ様や此かゝは今のごとく人中で。<u>ふまれぬ計</u>にはぢをかき。いひさげられてもそなたをだくが嬉しい。」　　（夕霧阿波鳴渡・中）

〔西鶴浮世草子〕
　⑪ 見ぬ人のためと<u>いはぬ計</u>の風義　　　　　　　　　　　　（好色五人女・三）
　⑫ 人めなくははしり出てと<u>いはぬばかり</u>に見えける，……　（男色大鑑・六）
　⑬ 一疋は流れ木をひろひ集めて抱へ，また一疋は，ほし肴を持て，<u>物いはぬ斗</u>，人間のごとく，かしらをさげて居，……　　（西鶴諸国はなし・五）
　⑭ 看板<u>うたぬばかり</u>北国者にかくれもなき男，……　　　　（男色大鑑・五）

これらはいずれも、〈……しないだけで、したと同様の〉という意味に用いられたものである。此島[2]などに説かれているように、この場合「バカリ」は限定の意を表し、「ヌバカリ」全体では、一種の比喩的表現となっている。湯沢[7]には、近世後期江戸語以降の使用例のみがあげられ、近世前期上方語を対象とする『徳川時代言語の研究』にはこの用法についての言及がないが、すでに近世前期の上方語において、このような比喩的用法の「ヌバカリ」が、きわめて一般的になっていたことが知られるのである。

それでは、このような「ヌバカリ」の比喩的表現は、どの時代にまでさかのぼるのであろうか。中古における「バカリ」の用法をみると、関連するものとして、古語辞典などに掲出されているように、

⑮ 言に出でて言はぬばかりぞみなせ川下に通ひて恋しきものを

(古今集・恋二・607)

のような例がある。これは〈言葉に出して言わないだけのことだぞ〉の意で、打消の助動詞に「バカリ」がつき、限定の意を表すものである。ほかにも、次のように〈……しないだけ〉と解釈できるものがある。

⑯ ふる雪に物思ふわが身劣らめやつもりつもりてきえぬばかりぞ

(後撰集・冬・495)

⑰ 京に侍りける女子をいかなる事か侍りけん、心憂しとてとどめをきて因幡の国へまかりければ

打すてて君しいなばの露の身はきえぬばかりぞ有りと頼むな

(同・離別・1310)

⑱ 御衣の御うしろひきつくろひなど御沓をとらぬばかりに〈＝沓ヲ取リハシナイダケデ、ソノ他ノコトハ何デモ〉し給ふ、いとあはれなり

(源氏・紅葉賀)

これらの「ヌバカリ」は、まだ比喩的用法とは言えないものであるが、それに先行する表現と認められる。一方、同じ「ヌバカリ」の形でも、完了の助動詞「ぬ」の終止形に「バカリ」がつき、〈……してしまうほど〉という程度を表す用法もある。

⑲ かく年ごろは<u>きこえぬばかり</u>にうけたまはりなれたれば、たれもおぼつかなくは思されずやとてなん。　　　　　　　　（かげろふ日記・下）
⑳ 後なる人々は、<u>おちぬばかり</u>のぞきて、うちあらはすほどに、……
　　　　　　　　　　　　　　　　　　　　　　　　　　　（同・中）
㉑「とくとく」と、手をとりて、<u>泣きぬばかり</u>にいへば、……　（同・中）

　例㉑は、四段動詞の連用形に接続しているので「ヌ」が完了であることが確実な例であるが、例⑲、⑳などは打消「ヌ」ともみられ、その解釈が問題となる。ともあれ中古においては、一、二段動詞に「ヌバカリ」が接続した場合、「ヌ」が打消の助動詞の連体形か、それとも完了の助動詞の終止形かという接続およびその解釈がもっぱら問題となるのであり、推量の助動詞「ム」に「バカリ」が下接した「言はむばかり」のような例はまず認められないのである。
　このことから考えて、「ヌバカリ＞ンバカリ」が本来のもので、「ン」を推量の助動詞のように解するのは、後世の誤った語源意識によるものだと認定してよいであろう。
　なお、打消の「ヌバカリ」に類似する表現として、『平家物語』（日本古典文学大系）に次のような「……ずと言ふばかり」の例が見られる。

㉒ 夜はいぬる事なく、昼は終日(ひねもす)につかへ、木をきり草を<u>からずといふばかり</u>に随ひつつ、いかにもして敵をうかがひ打つて、いま一度旧主を見たて奉らんと思ひける兼康が心の程こそ恐ろしけれ。
　　　　　　　　　　　　　　　　　　　　（覚一本平家・巻八・妹尾最期）
㉓ 平家の子孫は去(さんぬる)文治元年の冬の比(ころ)、ひとつ子ふたつ子を残さず、腹の内をあけて<u>見ずといふばかり</u>に尋ねと（ッ）て失て（ン）ぎ。
　　　　　　　　　　　　　　　　　　　　（同・巻十二・六代被斬(きられ)）

　これらは〈……ということこそしないけれども、ほかのことならなんでもするという程度に〉の意味で使われ、「ヌバカリ」と共通の表現内容となっている。このような表現は、一方では、〈まるで……するかのよう〉、〈……しそうなほど〉という肯定形式による比喩的用法と類似したものとなる。

㉔ ……とて，直衣(なほし)の袖も<u>しぼるばかり</u>に涙を流しかきくどかれければ

(覚一本平家・巻二・烽火の沙汰)

㉕ 帥のすけ殿つくづく月をながめ給ひ，いと思ひ残すこともおはせざりければ，涙に床も<u>うくばかり</u>にて，かうぞ思ひつづけ給ふ。

(同・巻十一・内侍所都入)

　これらは活用語に「バカリ」が直接に接したものである。この例のように，活用語に程度を表す「バカリ」が接続して〈……しそうなほど〉の意を表す例は，中古以来，継続して用いられてきているものである。「浮くばかり」などの箇所を完了の助動詞「ヌ」を伴って「浮きぬばかり」の形にするかどうかは，表現上の意味的な問題であって，重要なのは，『平家物語』などにおいても，推量の「ム」を用いた「浮かむばかり」のような形は用いられていないということである。

　以上見てきたように，「……と言はぬばかり」などの慣用的な用法の成立は中世，室町時代以降のこととみられるが，その前提となる「ヌバカリ」の形式による〈……しないだけ〉という限定的な用法そのものは古くから存在しており，それが現代の用法にまで連続しているものと考えられるのである。

5. 近代語における「ヌバカリ」，「ンバカリ」など

　ここで，明治期以降，近代におけるこの形式の使用状況を簡単に見ておくことにする。樋口一葉『たけくらべ』に，次の「……と言はぬばかり」の例がある。

① 見よや女子の勢力と<u>言はぬばかり</u>，春秋知らぬ五丁町の賑ひ

(たけくらべ)

　『作家用語索引』(教育社)で調査すると，夏目漱石の作品には「ヌバカリ」，それも「……と言はぬばかり」の使用例が目立つが，「ンバカリ」さらには「ナイバカリ」の例も見られる。例を示そう。

② 主人はそれ見たかと<u>云はぬ許り</u>に，膝の上に乗つた吾輩の頭をぽかと叩く。　　　　　　　　　　　　　　　　　　（吾輩は猫である・二）
③ 余の顔と女の顔が<u>触れぬ許り</u>に近付く。　　　　　　（草枕・九）
④ 「希臘語云々はよした方がいゝ，さも希臘語が出来ますと<u>云はん許り</u>だ，ねえ苦沙弥君」　　　　　　　　　　　　　　（吾輩は猫である・三）
⑤ 私の凡てを聞いた奥さんは，果して自分の直覚が的中したと<u>云はないばかり</u>の顔をし出しました。　　　　　　　　　　（こころ・十五）

漱石の作品における「ヌバカリ」以下の用例数を下接語別に示すと次のとおりである。

```
ヌバカリニ       27 （22）
―――ノ         17 （17）
―――デアル      2 （ 2）
ンバカリニ        1 （ 0）
―――ノ          5 （ 5）
―――ダ          1 （ 1）
ナイバカリニ     10 （ 1）
―――ノ          2 （ 1）
　計            65 （49）
```
注：（ ）内は「……と言はぬ（ん，ない）ばかり」の例（内数）。

「ヌバカリ」はすべて地の文に用いられており，会話文では用いられていない。「ンバカリ」7例のうち，会話文中のものが例のほか2例あるが，それ以外の点では「ヌバカリ」との相違は特に認められない。また，「ナイバカリ」の場合，手紙文中の例を含めて12例中3例が会話文中のものであるが，表現内容としてはやはり「ヌバカリ」と同一とみてよいようである。ただ，「ンバカリ」の場合，1例を除いて他はすべて「……と言はんばかり」の形をとっているのに対して，「ナイバカリ」の場合は「……と言はないばかり」の形をとることはまれである。これは「……と言はぬ（ん）ばかり」の表現が，それだけ固定

化，慣用化していることを示すものであろう。なお，これらの形式の使用状況を見ると，特に執筆年代，作品による片寄りを指摘することは困難なようである。

　ちなみに『作家用語索引』所収の作家の範囲では，森　鷗外と志賀直哉はこのような「ヌバカリ」などの表現を1例も用いていない。一方，芥川龍之介の作品には，「溢れんばかりに」(芋粥)という「ンバカリ」1例のほか，

⑥　五位は，殆どべそを<u>掻かないばかり</u>になって，呟いた。　　　(芋粥)

⑦　……膝の上の手巾を，両手で<u>裂かないばかり</u>に堅く，握っているのに気がついた。　　　(手巾)

のように「ナイバカリニ」が6例見られる(ただし，「……と言はないばかり」の例は見られない)。また，太宰　治の作品には，

⑧　その最初の喧嘩の際，汐田は<u>卒倒せん許り</u>に興奮して，しまいに，滴々と鼻血を流したのであるが，……　　　(列車)

⑨　老父義盛さまは，その悲報をお聞きになって，<u>落馬せんばかり</u>に驚き，
　　　　　　　　　　　　　　　　　　　　　　　　　　　　(右大臣実朝)

という「ンバカリニ」2例が見られるが，やはり「……と言はんばかり」は用いられていない。こうした使用状況からみると，この種の慣用的な比喩表現形式を用いるか否かという点には，個人の好みが強く反映していることがわかる。特に「……と言はぬ(ん)ばかり」は，漱石愛用の表現形式の一つであったと言えるであろう。このような点は文体的な観点から問題にするのも興味深いであろう。ともあれ，近代，明治以降において，「ンバカリ」の形式は「ヌバカリ」および「ナイバカリ」と共存し，明らかに打消の意識で用いられてきたものであることが確かめられるのである。

6.「ム＞ン」，「ヌ＞ン」の変化による同音衝突

　以上，実際の用例を検討して，「ヌバカリ」から「ンバカリ」への推移の状況をみてきた。最後に，「ンバカリ」の「ン」の解釈がゆれる背景にあるものとして，推量の助動詞「ム」，打消の助動詞「ヌ」の音変化の問題に広げて考えてみよう。「ム＞ン」の変化は古く中古にさかのぼるのに対して，「ヌ＞ン」の変化は室町時代ごろ生じたものとみられる。

日本古典文学大系『仮名草子集』の補注（森田　武校注）では，
　⑩ 汝が頸しやふつと食いきら<u>ぬ</u>も，今それがしが心にありしを，助けをく
　　こそ汝がためには報恩なり」（仮名草子・伊曽保物語・中・鶴と狼の事）
の例が「食いきらむ（ん）」とあるべきものであるところから，類例を示し，当時「ぬ」と「ん」とを相互に「書きひがめること」があったと指摘している。たしかに，近世のはじめあたりには，共通の形式「ン」を媒介として，このような「ヌ」と「ム」との混同が生じていたようである。こうした事実は，「ン」の語形がもともと不安定で，ともすれば他とまぎれやすい性質をもっていたことを物語る。

　室町時代の口語においては，推量の「ム＞ン」はさらに転じて「ウ」の段階に至っている。したがって，近世の上方語において，打消の助動詞が「ヌ＞ン」の変化を起こしても，通常，同音衝突の問題は生じない。これに対して，文語的な慣用表現になると，「あらん限りの力」，「せんかたなし」など連体法をとる「ム＞ン」の存するところに「ヌ＞ン」が進出してくることになり，同音衝突の事態を招いたのである。現代の共通語では，この事態を回避するためか，打消の場合には，慣用的な表現においても一般に，「見知らぬ人」，「あらぬ疑い」，「言わぬが花」など「ヌ」の形がそのまま用いられ，これらは普通「ン」の形をとることがない。すなわち，連体（および準体）用法の文語的・慣用的表現においては，「ヌ＞ン」の移行は推量の「ム＞ン」の勢力に押しとどめられているのである（慣用化が進むと，「知らん顔」のような例も用いられるが）。

　以上の点から考えると，本来打消の「ヌバカリ」に由来する「ンバカリ」が，現代において，しばしば〈今にも……しそうな状態で〉の意味に解されるのは，「ヌ」の連体法の「ン」と推量の「ム」由来の「ン」とが，意味・用法上，ともすれば重なって理解されるところに問題があるのである。

7. おわりに
最後に，もう一度問題の慣用表現に戻って，現代の用法をみてみよう。

　○どうだ，<u>と言わんばかり</u>の態度。

一般に「言わんばかり」の場合は，現代においても，「ヌ＞ン」の意味でとらえられやすく，〈（言ってはいないが）まるで……と言ったかのような〉という比喩的意味に解釈して問題ないであろう。では，次の場合はどうか。

○今にもつかみかから<u>んばかり</u>の勢い。

このように，「今にも」や「まさに」といった近い未来における動作の成立を導く副詞がくると，〈今すぐにも……しそうな〉という解釈を受けやすくなる。この場合は，意識的かどうかは別として，「ム＞ン」という解釈をしている人が多いのではなかろうか。

○泣か<u>んばかり</u>に頼む。

この場合は，現在では「まるで泣き出しでもするかのように」（比喩，ヌ＞ン）という解釈と，「今にも泣き出しそうな状態で」（様態，ム＞ン）というどちらの解釈も成り立ちそうである。どのように理解している人が多いだろうか。

■ 発展問題

(1) ここで取り上げたもの以外の国語辞典類で，「んばかり」の記述がどのようになされているか，調査してみよう（「ばかり」の項目に載っていることが多い）。

(2) 第4節の例⑱「御沓(くつ)を<u>とらぬばかり</u>にし給ふ」は，葵上(あおいのうえ)の父親左大臣が，一生懸命に光源氏の世話をする場面である。当該の箇所が，注釈書などでどのように解釈されているかを調べ，本書に示した訳文と比較してみよう。

(3) 次の「ん」は，それぞれ打消の「ぬ」の転か，推量の「む」の転かを考え，古典語における意味・用法がどのように残っているか，考察しよう。
　(a) 幸多から<u>ん</u>ことを祈る。

(b) 何をか言わんや。
(c) 知らんぷりを決め込む。
(d) まったく言わんこっちゃない。

(4) 次の慣用表現は，それぞれ意味が二通りに解釈されたり，誤解されたりしているものである。国語辞典などで，その解釈について調べ，確認してみよう。また，それぞれの辞典がどのような立場をとっているか，数種類の記述を比較してみよう。
(a) 情けは人のためならず。
(b) 犬も歩けば棒に当たる。
(c) 流れに棹(さお)さす。
(d) 気の置けない知人
(d) 一姫二太郎
(e) 転石苔(てんせきこけ)を生ぜず。

■ 参考文献

1) 阿部健二『国語文法史論考』(明治書院，1986)
2) 此島正年「助詞『のみ』と『ばかり』の通時的考察」(『日本文学論究』24号，1965：『国語助詞の研究―助詞史素描―』桜楓社，1966に改稿所収)
3) 小林賢次「『(言わ)んばかり』考―国語辞典類の意味記述をめぐって―」(『日本語研究』14号，東京都立大学，1994)
4) 小林賢次「慣用表現の成立と展開」(『狂言台本を主資料とする中世語彙語法の研究』勉誠出版，2000)
5) 山口明穂「『ぬばかり』『んばかり』考」(『図書』岩波書店，2000年8月号)
6) 山本 清「副助詞にあらわれる平安語法の特色―副助詞「ばかり」の考察―」(『学芸国語国文学』7号，1972)
7) 湯沢幸吉郎『現代語法の諸問題』(日本語教育振興会，1944：勉誠社，1980復刊)
8) 湯沢幸吉郎『江戸言葉の研究』(明治書院，1954：1957増訂版)

第10章　頭部をさすことばには，なぜ「あたま」のほかに「かしら」，「こうべ」，「くび」といろいろあるのか？

【語彙史，類義語】

キーワード：意味変化，語の消長，身体語彙，アタマ，カシラ，コウベ

1. 頭部をさすことば

身体語彙の中でも，頭部をさす語にさまざまなものがあることはよく知られている。現代語の場合，次のような語があげられよう。

| アタマ | カシラ | コウベ | オツム |
| クビ | ズ（頭） | 頭部 | |

まず，「あたま」についてみると，最も一般的に使われるだけに，意味範囲も広く，比喩的用法も多彩である。『日本国語大辞典』（第2版）によって示すと，次のようになる。

① 動物の，四肢・触角などとは別に，胴体から前方あるいは上方に突き出た部分。主に，首から上の部分。（イ）「ひよめき（顖門）」の古称。乳児の前頭部の骨と骨とのすきま。おどり。（ロ）首から上で，頭頂の部分。脳を納め，目，鼻，口などのある部分。かしら。こうべ。（ハ）首から上で，顔と区別される部分。（ニ）（ハ）の，特に内部をいう。

② 脳。脳の働き。（イ）脳。脳の働き。（ロ）（俗に）先入観。予見。思い込み。

③ 頭部に付随している状態の髪。頭髪。また，髪の結いぶり。

④ ある物の先端部や上部。また，ある物の上のほうの部分。

⑤ 物事のはじめ。最初。はな。
⑥ 人数。あたまかず。接尾語的にも用いる。
⑦ 符丁。
⑧ 人の上に立つ者。かしら。〔以下，略〕

①の（イ）は古語における意味であり，後述する。①のうち，特に（ロ）が，「アタマが大きい」のように，頭部全体の形状をさしているものであり，最も基本の意味となる。

（ハ）は，「アタマが禿げている」のような場合で，もともと毛髪で覆われている部分をさすものである。（ニ）は，「アタマが痛い」のように，頭部という器官，体の部分をさす。

以上の身体部位としての意味に加えて，②は，「アタマがいい」のように，頭脳を意味し，頭部で行う活動をさしている。③は，「アタマを刈る」のように，頭部に位置するところから，頭髪をさすものに転じた用法である。④，⑤や⑧は，先頭にくるものというところからの比喩的な転義である。こうした転義的，比喩的な用法が多数みられるのは，頭部をさまざまなものに見立てるところからの派生であり，身体語彙の一つの特徴ともなっている。

2. 頭部をさすことばの消長

前節でみたような意味の広がりはさまざま認められ，「アタマ」などは，単なる身体部分をさすという以上の広がりをもっていることが知られる。

以下，身体語彙という観点にしぼって，頭部をさすことばのさまざまな用法とその消長をみていくことにする。「アタマ」以外の語の用法をみると，次のようになる。

○カシラが白くなる。
○尾カシラ付き。〔魚に関して〕
○正直のコウベに神宿る。
○実るほどコウベを垂るる稲穂かな。
○人形のクビがもげる。

○オツムが禿げている。
○ズ（頭）が高い。
○ズ（頭）突き。

　こうした用法は，それぞれ，やや慣用化した形で使われていると言えるであろう。身体語彙の中でも，このように，頭部をさすことばはたしかに多彩である。これは，それぞれの語が長い歴史の中でつくり出され，使用されてきた結果に基づくものであり，そうした語の消長に関して，文体的な性格をも考慮に入れてとらえる必要がある。
　中世，鎌倉時代のころまでは，頭部をさす語といえば，「カシラ」が中心であった。

① 父母が可之良かき撫で幸くあれていひし言葉ぜ忘れかねつる
（万葉・巻二十・4346）
② いと弱き心にかしらもたげて人に紙を持たせて苦しき心地にからうじて書き給ふ。　　　　　　　　　　　　　　　　　　　　　　　　（竹取）

　「カウベ」は「髪辺」か，あるいは「上部」の意かなどと言われている。もともと意味・用法は限定されており，「カシラ」のような比喩的な転義用法は持たないようである。「カウベをめぐらす」，「カウベを傾く」などの形で多く用いられている。また，前掲のようなことわざ，慣用句の形で現代語にも受け継がれてきている。ただし，次の例などは，頭部そのものをさしている例である。

③ そのかうべの見ゆるごとに，額に阿字を書きて縁を結ばしむるわざをなんせられける。　　　　　　　　　　　　　　　　　　　　　　（方丈記）
④ ……コノ人ニマサッテ醜イ者モヲリナカッタ。マヅカウベワ尖リ，眼ワツボウ，シカモ出テ　　　　　　（天草本エソポ・エソポが生涯の物語略）

　「クビ」も多義で，(1) 基本となる頸部をさす場合と，(2) 頭部よりも上の

頭部全体をさす場合があった。「クビを垂れる」や「敵の大将のクビを討つ」「首実検」などの形で，(2) の用法が伝承されている。

「オツム」は，「ツムリ」をいう幼児語的な用法（「オツムてんてん」など）。「ツムリ」は，

⑤ 此(この)筒の中に，ひなん石(セキ)（美男石）が，御ざりまする所で，おまへの<u>おつむり</u>へ，つけねば，いはれませぬ　　　　（狂言記・巻一・ゑぼしおり）

のように頭頂部をさしたり，あるいは，髪の毛をさしたりしている。また，古くは頭頂部をいう「ナヅキ」などもあった。これは，本来は脳あるいは脳髄をいう語で，「ナヅキを砕く」のように用いられていたが，やはり意味の拡大により，頭頂部あるいは頭部全体をさすようになったものである（宮地敦子[6] 参照）。「ヅ」は，「頭」の音であり，やはり慣用的な用法に限られている。

3. 口語語彙の「アタマ」と文語語彙の「カシラ」，「カウベ」

「アタマ」も，古くから用いられてきている語であるが，もともとは『日本国語大辞典』の①に示されているように，前頭部の一部，骨と骨とにはさまれた「ひよめき」にあたる部分をさすものであった。平安時代初期の辞書『倭名類聚抄(みょうるいじゅしょう)』（『和名抄』とも）に「顖会」に対して「和名　阿太万(あたま)」の訓がある。それが，頭部全体をさすようになったのは，意味の拡大現象である。

室町時代の口語文献には，「アタマ」の例が多く見られるようになり，すでに頭部全体をさすものに意味が転じている。この「アタマ」の発達に押されて，「カシラ」は，身体語彙としては衰退し，次第に文語的な性格を強め出す。

① 深ケレ共渡ラレサウナゾ。衣裳ヲヌイデ<u>アタマ</u>ニヲイテヤラウゾ。

（毛詩抄・三）

② 御辺ノ頤(ゴヘン)(ヲトガイ)ニアル髭ノ数ホド<u>アタマ</u>ニ智恵ガアルナラバ，……

（天草本エソポ・狐と野牛の事）

③ つまさきをぬらすまひとて，<u>あたま</u>までぬらいた。

（天理本狂言六義(りくぎ)・あかがり）

柳田征司[7]では，謡曲と狂言での使用状況を対比し，車屋本謡曲には「カシ

ラ」,「カウベ」のみで「アタマ」の使用が見られず,大蔵虎明本狂言では,「アタマ」,「カシラ」,「カウベ」のそれぞれが見られるが,「カシラ」は人間以外の動物の頭部を表したり,身体語彙から転じた用法が多いこと,また,「カウベ」は,

④ 二人は是を見るよりも, <u>かうべ</u>を地につけ礼し奉り
（大蔵虎明本・毘沙門(びしゃもん)）

⑤ されども<u>神は正直のかうべにやどる</u>といゑば　（同・禰宜山伏(ねぎやまぶし)）

のように,用法が固定化したものになっていることを指摘している。室町時代以降の口語においては,身体語彙として頭部をさす場合には,もっぱら「アタマ」が使用されるようになってきているのである。

このような推移は,基本的な語彙の意味・用法の変遷という面で,興味深い事実である。頭部をさすことばとして,いろいろの語が用いられてきたのは,身体語彙の中でも,特に注目される部分であり,それぞれの語が独自の意味領域を有したり,文体上の特徴を持ったりしていたからであろう。

比喩的な用法となると,中心の位置を占める「アタマ」または「カシラ」がその役目を担うことになる。「カシラ」は,古くから中心的なものであったため,複合語を形成する場合も多く,慣用が固定していて,「アタマ」には置き換えられない場合も多いようである。

○カシラを下ろす〔＝剃髪する〕。
○カシラに雪を戴く〔白髪の形容〕。
○頭書,頭文字,頭役,頭立つ〔＝長となる〕

ただし,冒頭に示したように,新たに中心的な位置を占めた「アタマ」にはまた,独自の比喩的・転義的用法が生じていることも注意される。

図3は,『日本言語地図1～6』（国立国語研究所,1966-1975）に基づいて作成された,頭部をさす語の全国の分布である。全国的に「アタマ」が分布しているが,「ツムリ,ツブリ」,「コーベ」,「クビ」,「スコ,ズコ,ズク,スコタン」,「ビンタ」など,さまざまな語形がみられる。文献資料とつきあわせてみると興味深いであろう。

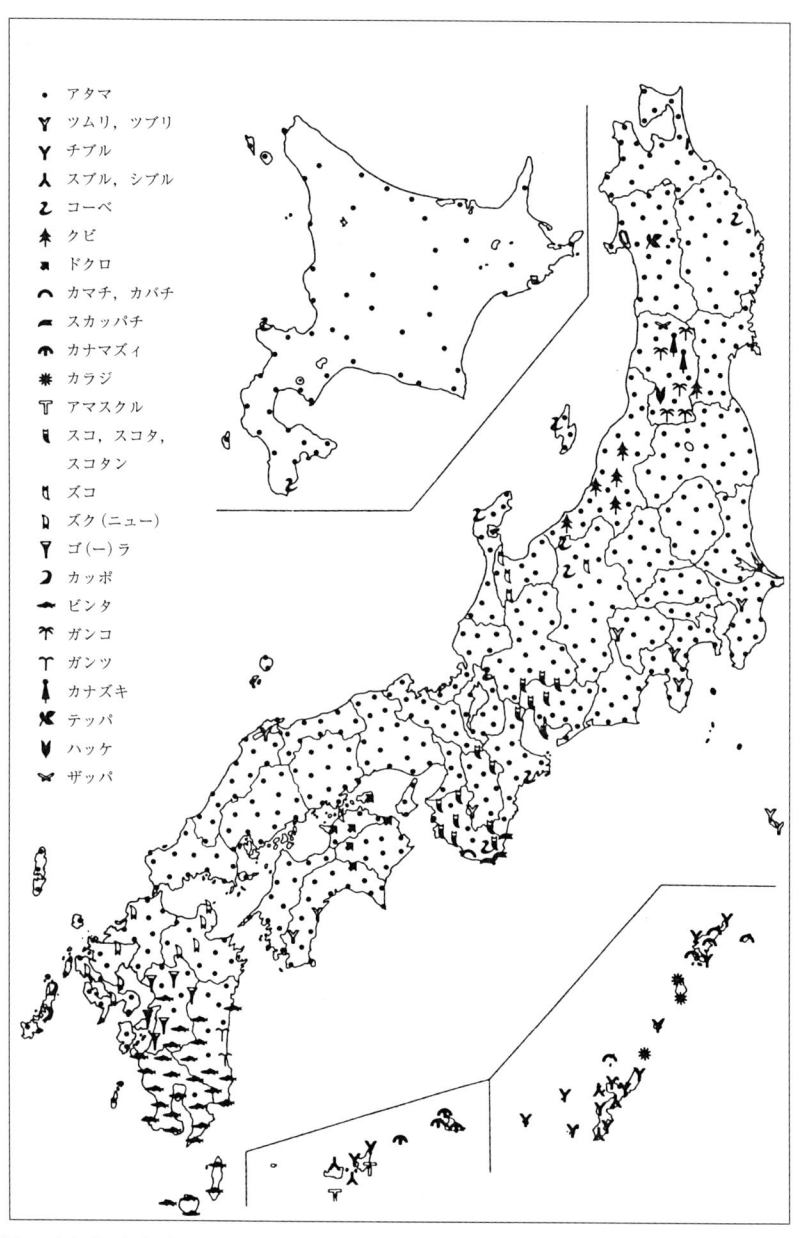

3. 口語語彙の「アタマ」と文語語彙の「カシラ」,「カウベ」   99

- アタマ
- ツムリ, ツブリ
- チブル
- スブル, シブル
- コーベ
- クビ
- ドクロ
- カマチ, カバチ
- スカッパチ
- カナマズィ
- カラジ
- アマスクル
- スコ, スコタ, スコタン
- ズコ
- ズク（ニュー）
- ゴ(ー)ラ
- カッポ
- ビンタ
- ガンコ
- ガンツ
- カナズキ
- テッパ
- ハッケ
- ザッパ

図3 あたま（頭）をさす語の全国の分布（尚学図書編『日本方言大辞典・下巻』小学館, 1989）

4. ま と め

宮地[6]には，頭部を表す語の消長に関する詳しい考察があるが，そのまとめとして，次のような見解が示されている。

○〔頭〕を表す語は，他の部位を表す語にくらべて多くの語が消長，交替した（基礎語でも表現価値にかかわる語は変化しやすいことの反映ではないか）。
○同じ部位をさす語が同時期に二つ以上用いられた場合，それぞれの語が同じレベルで併用されるのではなく，一時期には一つの代表語の存在するのが普通である。
○身体語の意味変化は，部分または内部から，より大きな部分または全体への移行が多く，その逆は見つかりにくい。
○身体語の用法については，もと人間・動物共用であったものが，人体語としては廃用に帰し，非人体語（動物，道具，地形，さらに抽象語）として残存することがある。
○ある身体語の衰滅によって他の新語が補填される場合，近代以降には漢語，外来語から供給されることが多い。

重要な指摘が多く，それぞれ，さらに他の語彙に関しても検証していくことが必要であろう。

■ 発展問題

(1) 国語辞典などで「アタマ」と「カシラ」とで共通する意味・用法，異なる意味・用法を抜き出し，比較考察してみよう。

(2) 「手」，「足」，「目」，「耳」などについて，身体語彙としての意味のほか，比喩的な意味，転義的な意味にどのようなものがあるか，整理してみよう。

(3) 内臓やその部分をさすことばにはどのような語があるか，あげてみよう（調べる場合は，参考文献に示したような類語辞典の類を参照するとよい）。そ

の中に，和語はどの程度含まれるか。非常に少ないはずだが，それはなぜだろうか，考えてみよう。

■ 参考文献
1) 柴田　武・山田　進編『類語大辞典』（講談社，2002）
2) 小学館辞典編集部編『使い方の分かる類語例解辞典』（小学館，1994）
3) 尚学図書編『日本方言大辞典（全3巻）』（小学館，1989）
4) 尚学図書編『方言の読本』（小学館，1991）
5) 前田富祺『国語語彙史研究』（明治書院，1985）
6) 宮地敦子「身体語彙の変化―「かうべ」「かしら」「あたま」「なづき」など―」（『国語学』94集，1973：『身心語彙の史的研究』明治書院，1979所収）
7) 柳田征司「室町時代における口語語彙と文語語彙―アタマ・カシラ・カウベについて―」（『国語と国文学』49巻11号，1972：『室町時代語資料による基本語詞の研究』武蔵野書院，1991所収）

第11章 芭蕉の「旅」は現代の「旅」と同じか？

【語彙，意味】

キーワード：意味の変化，意味変化の型，意味の価値や評価の変化，明示的意味，
　　　　　　副次的意味

1. 問題点の整理

　松尾芭蕉がその代表作『奥の細道』の冒頭で多用した「旅」という語は，次にあげるように，現在，私たちも日常的に使用する語である。では，芭蕉の「旅」は，現代の「旅」と同じと考えることができるのだろうか。

① 月日は百代の過客にして，行かふ年も又旅人也。舟の上に生涯をうかべ，馬の口とらへて老をむかふるものは，日々旅にして旅を栖とす。古人も多く旅に死せるあり。　　　　　　　　　　　　　　　　　（奥の細道）

② 「夏休みは家族で旅をしよう！」
　「家族にうれしい近郊の宿なら遊びながら発見できる旅」
　「ひと味違う，日本の旅。」　　　　　　　（大手旅行社パンフレット）

　いま，今日の代表的国語辞典である『広辞苑』（岩波書店），『大辞林』（三省堂），『大辞泉』（小学館）の記述をみてみると，そこでは，「旅」の意味が，それぞれ次のように説明されている。

○『広辞苑』（第五版，新村 出編，岩波書店，1998）
　　たび【旅】　住む土地を離れて，一時他の土地に行くこと。旅行。古くは必ずしも遠い土地に行くことに限らず，住居を離れることをすべて「た

び」と言った。万二「家にあれば笥に盛る飯を草枕—にしあれば椎の葉に盛る」。「—に出る」

○『大辞林』(第二版，松村 明編，三省堂，1995)
　たび【旅】　住んでいる所を離れてよその土地へ出かけること。名所旧跡を訪ねたり，未知の場所にあこがれて，また遠方への所用のため，居所を離れること。旅行。「—に出る」「かわいい子には—をさせよ」

○『大辞泉』(増補・新装版，松村 明監修，小学館，1998)
　たび【旅】　①住んでいる所を離れて，よその土地を訪ねること。旅行。「かわいい子には—をさせよ」「日々—にして—を栖とす」〈奥の細道〉②自宅を離れて臨時に他所にいること。「あるやうありて，しばし，—なる所にあるに」〈かげろふ・上〉

　こうした記述によれば，芭蕉の「旅」も現代の「旅」も，「住む土地を離れて，一時他の土地に行くこと」となって，まったく同じということになる。『大辞泉』では，用例に『奥の細道』冒頭をあげているから，この同じという解釈をまさに示していることになる。
　しかし，実際の旅の場面を思い浮かべてみると，芭蕉の「旅」と現代の「旅」が同じであるとはとても考えられない。現代の「旅」は，交通，通信，施設，備品などの著しい発達によって，以前のそれとは比較にならないほど快適なものになってきている。そして，それに伴って「旅は憂いものつらいもの」といった旧来の旅のイメージもすっかりと変わってきてしまっている。それは先の用例②からも明らかであろう。夏休みに家族で行こうとしている旅やひと味違う日本の旅が，古人も多く死せるような旅を意味することは通常ないはずである。このように，現実の旅を考えてみると，芭蕉の「旅」と現代の「旅」が同じであるとは，どうにもいいがたいということになってしまうのである。
　つまり，芭蕉の「旅」と現代の「旅」は，実感としては異なるものであるのに，国語辞典の記述によるとその違いがみえてこないということになる。同じ「旅」という語でありながら，なぜこうしたことになるのだろうか。また，そ

うすると，芭蕉の「旅」と現代の「旅」は同じかという冒頭の問いにはどのように応じたらよいだろうか。ここでは，こうした問題を，語の意味の変化という観点から考えてみることにしたい。

2. 古今の「旅」の意味

　まず，古今の「旅」がどのような意味を示してきたのかを確認するところから始めよう。はじめに，『日本国語大辞典』（第2版）をみてみると，そこには「旅」の意味が，古今のものを併せて，次のように記されている（用例は割愛する）。

① 住む土地を離れて，一時，他の離れた土地にいること。また，住居から離れた土地に移動すること。
② 自宅以外の所に，臨時にいること。よその土地へ行かない場合でもいう。
③ 自分の住んでいる土地でない，よその土地。他郷。
④ 祭礼で，神輿が本宮から渡御して一時とどまる所。
⑤ 「たびもの（旅物）[引用者補足：遠方の産地から輸送されてきた魚類や野菜類のこと]の略」。

　意外に多くの意味が記されているように思われるが，このうち，⑤は省略語，④は祭礼の用語であるから，いずれも特殊で限定的な意味といえるであろう。また，③は，次のような実例があげられてはいるものの，前節でみた他の国語辞典にはこれに類する意味記述がまったくみられないことから，これもやや特殊な用法と考えられる。

　○「今に自動車が通ったり汽車が通ったりすると，他国（タビ）から悪い奴がどんどん入って来るぢゃろう」　　　　　（江馬　修『飛騨街道』，1919）

　したがって，「旅」の主な意味は，これらを除く①，②と考えられる。そして，掲載用例に注意してみると，②は『宇津保物語』（970-999ごろ），『落窪物語』（10世紀後），『源氏物語』（1001-1014ごろ）があげられていることから

古語の意味・用法と判断され，①は『万葉集』（8世紀後）から落語『鉄拐』（1890）に及んでいることから古今を通じての意味・用法と判断される。

そこで，②の古語の意味を『角川古語大辞典』によってもう少し補足してみることにしたい。

○『角川古語大辞典』第四巻（角川書店，1994）
　たび【旅・羇旅】　①家や，生活の本拠とする所を離れて他の場所へ行くこと。また，その行き先に滞在すること。一時的な旅行に限らず，地方官として赴任し，一定期間任地にいる場合や，物詣でや方違（かたたがへ）など，家を留守にして他所に宿泊する場合にもいう。「まろがとどめしひなれば（紫式部日記）」では，女官の里下がりを旅と称している。（中略）旅は本来，「我が家（いは）ろに行かも人もが草枕多妣（たび）は苦しく告げやらまくも（万葉・四四〇六）」のように苦しいものと把握されるのが普通で，枕詞「草枕（くさまくら）」を受けるのも，そうした意識に支えられている。（以下略）②連俳用語。（以下略）

これをみると，現在の単身赴任のようなものも「旅」といわれていたことがわかる。

さて，以上をもとに，「旅」という語が今日までの間に示してきた意味をまとめてみると次のようになる。

（ア）　住む土地を離れて，一時，他の離れた土地に行くこと。またその途中。
（イ）　自宅以外のところに臨時に滞在すること。自宅からの距離の遠近や滞在期間の長短にかかわらず，住みかを離れて宿泊すること全般についていう。したがって，一定期間の赴任のほか，物詣，方違，女官の里下がりなどのよその土地へ行かない近辺の宿泊の場合にもいう。
（ウ）　離れた土地への旅にはつらく苦しいものという認識がある。
（エ）　それ以外の特殊な意味（『日本国語大辞典』の③，④，⑤。ここでは考察対象から外しておく）。

こうした意味のうち，（ア）と（イ）は「旅」という語の明示的意味（denotation，デノテーション：語の第一義的な意味）であり，（ウ）は副次的意味（connotation，コノテーション：第一義的な意味に付随してそれとともに喚起される意味）であると考えられる。副次的意味は，一般的には「語感」や「語のニュアンス」といわれたりするもので，その詳細は連想的，喚情的，評価的，文体的，待遇的などと多様である。

3. 現代の「旅」と芭蕉の「旅」の異同

次いで，（ア）～（ウ）の意味に照らして，現代の「旅」と芭蕉の「旅」の違いを整理し，両者の異同について考えよう。

まず，現代の「旅」であるが，第1節であげた国語辞典および私たち自身の内省から，（イ）「自宅以外の所に臨時に滞在する」という古語的意味は，もはやないとみられる。また，（ウ）「つらく苦しいものという認識」もかなり希薄といえよう。ただ，現在でも，「修行の旅」，「試練の旅」などということもあることを考えると，そのような副次的意味が皆無ともいい切れない。

次に，芭蕉の「旅」である。まず，（イ）についてみると，先の『日本国語大辞典』の掲載用例が中古の作品のものにとどまっていたことに加え，たとえば，中世語の資料である『日葡辞書』（1603-1604）では，以下のように（ア）にあたる記述のみで，（イ）の意味はみられない。

○『邦訳日葡辞書』（土井忠生・森田 武・長南 実編訳，岩波書店，1980）
　　Tabi.タビ（旅）　　他行すること，あるいは，見知らぬ土地などを歩き回ること。¶ Tabino vomoiuo nagusamuru.（旅の思ひを慰むる）悲しげな他国の人〔旅人〕の気を晴らす，あるいは，陽気にする．

また，『時代別国語大辞典　室町時代編』（三省堂，1994），『江戸語大辞典』（講談社，1974），『江戸語辞典』（東京堂出版，1991）などでも（イ）の記述はみられないから，芭蕉の「旅」においても，（イ）「自宅以外のところに臨時に滞在する」という古語的意味はないとみられる（誤解を避けるために付言しておくと，芭蕉自身はもちろん古語的意味を知っていたはずである。ここで述べ

ているのは，先の用例①のような「旅」が，古い意味用法ではないということである）。

一方，（ウ）については，先の用例①「古人も多く旅に死せるあり」のほか，死の覚悟がうかがわれる次の③などからも，「つらく苦しいものという認識」のあったことはわかる。

③羇旅辺土の行脚，捨身無常の観念，道路にしなん，是天の命也と，気力聊かとり直し，……　　　　　　　　　　　　　　　　　　（奥の細道）
（今度の旅は辺鄙な土地の行脚で，現世の無常を思い，身を捨てる覚悟で出てきたのだから，たとい旅の半ばに道路に死ぬようになっても，それも天命だと，気力をすこし取り直し，……）

（井本農一・久富哲雄・村松友次・堀切 実校注・訳
『奥の細道　新編日本古典文学全集』，小学館，1997）

以上のことを整理してみると，次のようになる。

	古語「旅」	芭蕉「旅」	現代「旅」
（ア）住む土地を離れて一時他の土地に行くこと	○	○	○
（イ）自宅以外のところに臨時に滞在すること	○	―	―
（ウ）つらく苦しいという認識（副次的意味）	○	○	△

ここから明らかなように，芭蕉の「旅」と現代の「旅」は，一時他所に行くといった明示的意味においては同意であるが，苦行といった副次的意味においては異なっている。つまり，明示的意味においては意味変化をきたしていないが，副次的意味において意味変化をきたしていると考えられる。

4. 意味変化の型との照合

ところで，芭蕉の「旅」と現代の「旅」の間で認められるこうした意味の変化は，意味変化の型に照合してみると，「意味の価値・評価の変化」というものにあたる。ここではその点を確認しておこう。

まず，意味変化の型であるが，それには「意味領域の変化」，「意味の転換」，「意味の価値・評価の変化」がある。そして，それぞれについては，以下のような意味変化があげられる。

〔意味領域の変化〕
　意味の拡大：　語の意味の範囲がそれ以前より広くなること。
　　例：頭（あたま）（頭の一部から頭部全体をさすものに）
　　　　瀬戸物（瀬戸産の物の意から陶器一般に）
　意味の縮小：　語の意味の範囲がそれ以前よりも狭くなること。
　　例：さかな（酒菜の意で魚肉野菜を広くさしていたものから魚類の意に）
　　　　着物（きもの）（着る物の意から和服の意に）

〔意味の転換〕
　近接的意味への転換：　近い意味への転換。
　　例：かなし（いとしい意の「愛し（かな）」から悲哀の意へ）
　　　　気の毒（自分自身の困惑の気持ちから他人の困難や苦痛を察して心配する気持ちへ）
　比喩的転換：　似た内容をもつ事物をも表すようになること。
　　例：脚（あし）（動物の身体を支える四肢から机などの物を支える部位の意に）
　　　　あげく（連歌などの最後の句の意から終わりの意に）

〔意味の価値・評価の変化〕
　意味の上昇：　その語の表す意味が以前より高い価値の方向にずれること。
　　例：天気（さまざまな日和（ひより）を示す中立的な意から，「明日天気になあれ（晴天）」のように正の評価を伴った意に）
　　　　僕（下僕の意から自称詞に。負の価値から中立的に）
　意味の下落：　その語の表す意味が以前より低い価値の方向にずれること。
　　例：亭主（宿屋，茶屋などの主（あるじ）の意から夫の意に。正の価値から中立的に）
　　　　貴様（二人称敬意表現から二人称軽卑表現に。正から負の価値に）

こうした意味変化の型に照らしてみると，〈芭蕉の「旅」（難行苦行の旅）〉から〈現代の「旅」（安全で快適な旅）〉への変化は，「意味の価値・評価の変化」のうちの「価値の上昇」にあたる。

なお，古語「旅」とそれ以降の「旅」との間にみられる明示的意味の変化，すなわち「(ア)＋(イ)＋(ウ) の意味→ (ア)＋(ウ) の意味に」という変化は，意味の縮小にあたる。

5. 芭蕉の「旅」の類義語

芭蕉の「旅」には「憂いものつらいもの」という意味が確かに含まれていた。しかし，芭蕉の活躍した近世は，「旅」についてのそうした意識が弱まり始めた時期でもあった。『近世紀行集成』（板坂耀子校訂，国書刊行会，1991）の解題によれば，『奥の細道』以外の近世紀行作品には，「旅が憂うべきものとして描かれていない」，「娯楽とはっきり示すものもある」，「生涯に一度の旅であっても，街道や宿の設備の充実もあってか，人々の緊張は不快なまでには高まらない」といった様子がみられるということである。

こうした一面を考慮すると，「旅」という語が常に「憂い」というニュアンスを示すことは難しくなりつつあったのかもしれず，それだけに，その意味をも含む類義語は，芭蕉にとって重要だったのではないかと推察される。該当するものとしては，「行脚」，「羈旅」があげられよう。『奥の細道』でも，先の用例③のほか，次のように用いられている。

④ <u>行脚</u>の一徳，存命の悦，<u>羈旅</u>の労をわすれて，泪も落るばかり也。

(奥の細道)

一方，夏休みに家族で行く「旅」の類義語としては，「行楽」，「遊山」，「遊覧」などがあげられる。

6. ま と め

最後に，一部繰り返しとなるが，第1節で整理した問題に答える形でまとめをしておくことにしたい。

○芭蕉の「旅」と現代の「旅」は同じかについては,「住む土地を離れて,一時,他の土地に行く」といった明示的意味においては同じであるが,「旅は憂いものつらいもの」といった副次的意味においては,芭蕉の「旅」はその意味を有する,現代の「旅」はその意味が希薄であるという相違がある。
○二つの「旅」の間にみられる意味変化は,「意味の価値・評価の変化」のうちの「価値の上昇」にあたる。
○明示的意味は第一義的意味なので辞書の記述に反映されやすいが,副次的意味は,付随的であるがゆえに,辞書編集の実情(編集方針,紙幅など)に影響され,記載されたり記載されなかったりする。

■ 発展問題

(1)「車(くるま)」,「坊主(ぼうず)」,「妻(つま)」,「しあわせ」,「因果」など,古語と現代語とが同形である語について,次のことを調べてみよう。
　① 各語を辞書で調べ,どのような意味変化が起こっているのかを調べてみよう。
　② その変化が,意味変化の型のどれにあてはまるのかを考えてみよう。
　③ 各語について,時代別に用例を集め,どの時代にどのような意味がみられるのかを確認し,意味変化の過程を追ってみよう。

(2)「意味の上昇」の例は少ないといわれる。なぜ少ないのかを考えてみよう(参考:小野[4,5])。また,「意味の上昇」の例を探してみよう。

(3) 辞書の意味記述を読み,副次的意味と思われる記述を見つけてみよう(複数の辞書を比較してみると見出しやすいかもしれない)。また,その副次的意味が,連想的,喚情的,評価的,文体的,待遇的など,どのような意味にあたるのかを考え,副次的意味の詳細を整理してみよう。

(4) 語の意味変化の要因には次のようなものがあるといわれている。これらについてさらに調べてみよう(参考:池上嘉彦訳『言語と意味』大修館など)。
　① 言語的原因

② 歴史的原因（具体物，制度，科学的概念などの変化）
　　③ 社会的原因（限られたグループの中での意味の特殊化や一般化）
　　④ 心理的原因　（a）感情的な原因，（b）タブー
　　⑤ 外国語の影響
　　⑥ 新しい名称に対する必要性
(5) 次の観点から，芭蕉の「旅」をさらに考えてみよう。
　　① 　現代の旅は出発点から出発点への円環型，『奥の細道』の旅は江戸を起点として大垣を終点とする馬蹄型。旅程など，細部にさらなる特徴はないか。
　　② 　(a)　『奥の細道』では大垣を終点とするも，実際には伊勢参拝に向かっている。
　　　　　(b)　芭蕉の生涯は次のようにとらえうる。
　　　　　　・学生期：　伊賀上野での生活＝社会生活の準備期
　　　　　　・家住期：　江戸市中での生活＝社会生活期
　　　　　　・隠棲期：　深川芭蕉庵での生活＝引退生活期
　　　　　　・遊行期：　『野ざらし紀行』以後の旅の生活＝涅槃への旅期
　　『奥の細道』に限定せず，生涯の旅をみれば，そこには遊行もあっただろう。

■ 参考文献

1) 浅野敏彦「語義の変化」（『講座日本語と日本語教育　第6巻』明治書院，1989）
2) 伊坂淳一『ここからはじまる日本語学』第3章（ひつじ書房，1997）
3) 小野正弘「〈語誌〉しあわせ」（『講座日本語の語彙10　語誌Ⅱ』明治書院，1983）
4) 小野正弘「「因果」と「果報」の語史―中立的意味のマイナス化とプラス化―」（『国語学研究』24，東北大学文学部国語学研究室，1984）
5) 小野正弘「中立的意味を持つ語の意味変化の方向について―「分限」を中心にして―」（『国語学』141，1985）
6) 小野正弘「「天気」の語史―中立的意味のプラス化に言及して―」（『国語学研究』25，東北大学文学部国語学研究室，1985）
7) 亀井　孝・河野六郎・千野栄一編『言語学大辞典　第6巻　術語編』（三省堂，1996）
8) 工藤　浩・小林賢次ほか編『日本語要説』第4章（ひつじ書房，1993）
9) 赤羽根義章「意味変化」（小池清治・小林賢次・細川英雄・犬飼　隆編『日本語学キーワード事典』朝倉書店，1997）
10) 西尾寅弥「語感」（『講座日本語と日本語教育　第6巻』明治書院，1989）
11) 前田富祺『国語語彙史研究』第三部第五章（明治書院，1985）

第12章 「真っ赤な嘘」は，本当に嘘が赤いのか？

【語彙，慣用句】

キーワード：色彩表現，形容動詞から形容詞への転化，シネステジア，同音衝突，マッカイサマ，マッカイ，マッカナ

1.「真っ赤な嘘」とは何か

○国会での答弁は<u>真っ赤な嘘</u>だった。
○雪舟(せっしゅう)の画という触れ込みだったが，<u>真っ赤な偽物(にせもの)</u>らしい。

こうした「真っ赤な……」は，しばしば耳にするところである。「真っ赤な嘘」は「真っ赤な偽り」ともいうが，慣用句として固定したものになっている。

では，嘘がなぜ赤いのか，あるいは，真っ赤な嘘とはどのような嘘なのか，こう問われたときにうまく説明できるだろうか。現行の国語辞典類では，「まっか（真っ赤）」の項目の一ブランチとしてこの種の用法を立て，〈まったくそのとおりであるさま〉などの語釈を与えているものが多いが，それは，いわば成句から逆算して「真っ赤」の意味を引き出しているにすぎず，結局のところほとんど納得のいく説明とはなっていないのである。

他の色彩では，「黄色い声」のような例，また，「青二才(あおにさい)」などの例もある。甲高い声をいう「黄色い声」は，感覚的に自然に受け入れられるものであろう。「青二才」は語源的に問題となる語のようであるが，「青侍(あおざむらい)」なども含めて，若草のようなイメージで〈未熟な〉，〈若い〉の意味を表すものとして納得がいく。さらに，中世から近世にかけてのものでは，「真っ黒に」の形で，〈勢いの盛んな〉，〈一途な〉の意を表す例が加えられる。この場合は密集する意から転

じたものであろう。
　このような色彩語以外にも，「寒い声」のように本来の感覚と異なる結びつけの用法があり，これらは小西甚一[3]によれば，文芸批評用語でシネステジア（synaesthesia）と呼ばれるものにあたる。詩などにおける文芸上の技巧的な手法だけでなく，日常語の中においてもこうした用法がさまざまな形で存在している点は，興味深いものがある。
　ただ，ここで問題とする「真っ赤な嘘」の類であるが，これは，実はもともと色彩の赤とは無関係で，結論的に言えば，この場合の「マッカナ」は，本来〈まったく異なる〉，〈正反対〉の意味を表す「マッカイサマ（真返様）」に由来するものだったと考えられるのである。詳しくみていこう。

2.「まっかな嘘」と「まっかいな嘘」

　「真っ赤な嘘」の類（「偽り」，「贋物」などを含む。以下同じ）の初出はいつごろであろうか。『日本国語大辞典』（第2版）では，「まっか（真赤）」の項目の③として「（「まっかな」の形で）真偽について，ごまかしがきかないほどはっきりとしているさま。かくしようのないさま。いつわりようのないさま。まっかい」として次の諸例をあげている（初版に比べて語釈が詳しくなっているが，用例は初版と同一）。

　① 地女は真実も真実，真赤な真実なるべき
　　　　　　　　　　　　　（随筆・独寝・下・八二）〔柳沢淇園作，1724年〕
　② まっかなうそをつひてたきつける
　　　　　　　　　　　　　（黄表紙・御存商売物・下）〔北尾政演（山東京伝）作，1782年〕
　③ 似ても似つかぬ真赤（マッカ）な贋せ物
　　　　　　　　　　　　　（歌舞伎・彩入御伽草〈おつま八郎兵衛〉・序幕）〔1808年初演〕

　例②，③は現行の用法と同一であるが（例②は「赤本」が「一枚絵」をだますという設定で，「赤」を利かせたもの），例①はやや性格が異なる。この例①に関しては，日本古典文学大系（岩波書店。以下，大系本）の頭注（中村幸彦校注）に「赤心をこめての真実」とあるように，漢語「赤心（＝まごころ。誠

意)」を念頭において，これを和語化したものと思われる。「嘘」の類とは正反対の概念と結びつくものであり，別に扱う必要がある。

「真ッ赤ナ（ニ）」そのものは，室町時代の抄物などに例をみるが，「真っ赤な嘘」の類となると，室町時代はもとより，現在のところ近世前期上方語における用例も容易に求めがたい。例②，③はともに後期江戸語におけるものである。例③の鶴屋南北（つるやなんぼく）（1755-1829）あたりになると，次のような類例もあり，当時広く用いられるようになっていたことがわかる。

④（嘉平）テモ，所持ある倫旨を証拠に，
　（助作）これぞまつかなにせものさ。
　　　　　　　（時桔梗出世請状（ときもききょうしゅっせのうけじょう）・大詰）〔1808年初演〕
⑤（お俊）シテ，短刀は。
　（源太）真赤な似せ物。　　（勝相撲浮名花触（かちもううきなのはなぶれ）・中幕）〔1810年初演〕
⑥（たつ）や，そんなら信楽弥藤次様といふは。
　（徳兵）まつかな偽り，そなたにはまだあはさねど，このお人は兼々はなしたお屋しきの。　　（謎帯一寸徳兵衛（なぞのおびちょっととくべえ）・大切）〔1811年初演〕

さらにのちの河竹黙阿弥（かわたけもくあみ）（1816-1893）作の歌舞伎脚本にも，次のような例が見出される。

⑦（お関）いゝえ父さんあの品は，似ても似付かぬ，まつかな贋物（にせもの）。
　　　　　　　（夢結蝶鳥追（ゆめむすびちょうにとりお）〈雪駄直し長五郎〉・四幕）〔1856年初演〕

このように，「真っ赤な嘘」の類の成立は近世後期江戸語にまで下るものと思われる。これに対して前期上方語においては，「マッカナ……」ではなく，「マッカイナ……」の形で，種々の例が見られるのである。近松作品など歌舞伎や浄瑠璃から例を示そう（後期上方語および江戸語の例も含める）。

⑧……此ゑ（絵）が，何のめう（妙）有てぬけ出ふぞ。すみにさいしく
　（彩色）ろくせう（緑青）や，たん（丹）のまつかいなうそでござる。

(歌舞伎・今源氏六十帖・上)〔1688年初演〕
⑨ 此(の)刀はまっかいな贋物(にせ)物。
(歌舞伎・幼稚子敵討・口明)〔1753年初演台帳の写し〕
⑩ 貴殿来国光の刀御前へ差し上(げ)られし処(ところ)に,まっかいな贋物と申(す)儀を,……
(同・二つ目)
⑪ イヤイヤ夫(それ)も真赤(まっか)な似せ筆。更々此(の)身に覚えはない。
(浄瑠璃・伽羅先代萩・六)〔1785年初演〕
⑫ 箱の内なは,こりゃまっかいな贋(にせ)物。
(歌舞伎・韓人漢文手管始(かんじんかんもんてくだのはじまり)・一)〔1789年初演〕
⑬ ヤアヤアこりやまつかいな贋(にせ)もの
(歌舞伎・富岡恋山開(とみがおかこいのやまびらき)・三下)
〔前田 勇『江戸語大辞典』による。1798年初演〕

これらのうち,例⑨の底本とした大系本『歌舞伎脚本集・上』の頭注(浦山政雄・松崎 仁校注,1960)に,

まっかいさまな。「かいさま」は「返しざま」で,正反対の意。「曽根崎心中」観音巡りに「まっかいさまに言ふとても必ず誠にしやるなや」とある。

と述べられており,また,例⑫の頭注(同前)においても,「『まっかいさまな』の略。全く違った」と記されている点が注目される。この見解は,一部の古語辞典,国語辞典においてもそのまま取り入れられており,『角川古語辞典 改訂版』(1963年初版),『角川国語中辞典』(1973年初版:1983年より『角川国語大辞典』),『古語大辞典』(小学館,1983年初版)などでは,「マッカイサマ」の略としての「真っかい」の項目を立てて,例⑨あるいは例⑫を用例としてあげている。

しかしながら,大系本の頭注や辞典類の記述においては単に結論を提示したにとどまっており,また,〈真っかい〉の意味の項目を立ててはいても,「真っ赤な嘘」の類の成立にまで関連づけて述べてはいない。そこで,ここでは「マッカイサマナ(ニ)」,「マッカイナ(ニ)」などの一連の表現形式の消長をたどった上で,あらためて「真っ赤な嘘」の類の成立事情を探ってみることにしよう。

3. マッカヘサマ，マッカイサマ

　ここで，「マッカヘサマ」，「マッカイサマ」などの使用例をみていくことにする。「マッカイサマ」は「マッカヘサマ（真返様）」の転じたものとみられ，この点は諸辞典などにおいて異論はないようである。「カヘサマ」は『宇津保物語』，『枕草子』など中古から例がある。『岩波古語辞典』などに説くように，「カヘサマ」は「カヘシサマ（返し様）」の音変化としてとらえられるであろう。この「カヘサマ」およびその転じた「カイサマ」に接頭語「マッ（真）」を添えたのが「マッカヘサマ」，「マッカイサマ」ということになる。中世には「マッサカサマ（真逆様）」の例も見られ，意味的に近いが，「マッサカサマ」が，「真っ逆様に落ちる」のように具体的な動作に関して，転倒，逆転した状態をいうのに対して，「マッカヘサマ」，「マッカイサマ」は，もともとある事態や言動の内容に関して，抽象的な〈正反対〉の状態を表すことを主とするものであった。この「マッカヘサマ」，「マッカイサマ」は，ともに中古には例を見ず，中世，室町時代を中心として，近世に至るまで用いられている。次に例を示す。

〈マッカヘサマ〉
① 君ノ心ニカワツテ〔群〕臣ヲセメタゾ。……臣下ガ<u>マツカヘサマ</u>ナ今ハサウアルヨ。　　　　　　　　　　　　　　　　　　（毛詩抄・四）
② 某(それがし)先へかけぬけて<u>まつかへさま</u>に言上し，曽我の根をたやさんと只今狩場へ行（く）所。　　　　　（浄瑠璃・曽我会稽山・二）〔1718年初演〕

〈マッカイサマ〉
③ 尋常ノ花ハ先ツボミテ(マブ)後ニ開クガ，唐様ノ花ハ先開テ後ニツボム。偏其反ト云ハ，常ノ花トハ<u>マツカイサマ</u>也　　　（応永本論語抄・子罕）
④ 顚トハ<u>マツカイサマニ</u>ウチカヘスヤウナル事ヲ云。……マツサカサマニ顚サウナレドモ，カヘヘテ諫ル事モナシ。　　　　　　　　　（同・季子）
⑤ 田常──<u>マツカイサマニ</u>云タホドニ，田常ガ我ヲアザムク（カ）ト思テ，ハラタツタゾ　　　　　　　　　　　　　　　（史記抄・弟子列伝）
⑥ 緑兮──間色ヲバ上ニシ，正色ヲバ裳ニシテハ，<u>マツカイサマナ</u>ソ。

3. マッカヘサマ，マッカイサマ

(毛詩抄・二)

⑦ 我濁ラヌシルシトシテ，上ニ御耳ニ立テントテ，マッカイサマニ（maccai-samani）トリナシ，讒奏イタシケルヤウワ，……

(サントスの御作業の内抜書・2)

⑧ マッカイサマニ（真反様に）副詞，正反対に。¶マッカイサマニ　ウッタユル。（真反様に訴ゆる）ある人が，事実あったこととは反対に訴える。

(邦訳日葡辞書)

⑨ 先づ急いで帰つて。頼うだお方へは。口調法を以て。まつかいさまに申なさう。

(和泉流三百番集本狂言・空腕)

⑩ みなにかうかたるのも徳兵衛めがうせまつかいさまにいふとても，かならずまことにしやるなや。　　(浄瑠璃・曽根崎心中)〔1703年初演〕

　以上のように，特に「マッカイサマ」の例が多い。諸辞典に掲出された「マッカヘサマ」，「マッカイサマ」の例としては，ほかに『都の富士（浄瑠璃)』(『日本国語大辞典』ほか)，『吉野忠信（近松浄瑠璃)』(『岩波古語辞典』) などがある。『日本国語大辞典』の第2版では，初版になかった『仁説問答師説 (1688–1710) 宝永三年講』，『網斎先生敬斎箴講義 (17世紀末–18世紀初)』などの例が加えられている。また，接頭語「マッ」を伴わない「カヘサマ」，「カイサマ」も諸種の文献に例をみるが，『日葡辞書』に，

⑪ カイサマ。または，カイサマニ（反様。または，反様に）さかさまに。例，カイサマニ　キリモノヲ　キル。（反様に着り物を着る）裏返しに着物を着る。　　(邦訳日葡辞書)〔qirimonouoの箇所に訳者の注記がある〕

と「カイサマ」の形のみを掲出しているように，室町時代末期においては，「マッカイサマ」の場合と同様「カイサマ」の形が普通であったようである。ちなみに，『平家物語』の「逆櫓」の巻に，

⑫ さかろ（逆櫓）をたてうとも，かへさまろをたてうとも，殿原(とのばら)の船には百ちやう千ぢやうもたて給へ。義経はもとのろ（櫓）で候らはん

(覚一本平家・巻十一・逆櫓)

〔百二十句本(斯道文庫本)一人ノ舩ニハ，逆櫓モ，飜(カエサマ)櫓モ立ヨ(巻十一・101句)〕

のように，「さかろ（逆櫓）」(話し手義経にとって初めて耳にした語である)

を強調表現として類義的に言い換えた「カヘサマ櫓」の例がみられるが,『天草本平家物語』においては,

⑬ 人ノ船ニワ逆櫓モ, カイサマ櫓（caisamaro）モ立テバ立テイ

(天草本・巻4・16)

と,「カイサマ櫓」の形をとっていて,『日葡辞書』の掲出語形と対応している。その他,「カイサマ」,「カヘサマ」に関しては,ここでは省略する。

4. マッカイナの成立と意味の変容

さて,前節で紹介したように,「マッカイナ（嘘）」の例を「マッカイサマナ（嘘）」の省略形とみる立場があり,結論的には筆者（小林）もこれに賛同するが,即断はできず,十分な検討を必要とする。それは,第2節例⑪のような色彩の赤の意味に用いた「マッカイナ（ニ）」の例が存在するからである（第2節の例⑧も「……たん（丹）のまつかいなうそ」とあり,色彩の赤を背景とした掛詞的表現になっている）。

形容動詞語形から形容詞語形への転化については,「スルドナリ」から「スルドシ」への交替を直接のテーマとする山田忠雄[8]の論考がよく知られている。山田論文では,「アタタカナ・アタタカイ」,「マックロナ・マックロイ」,「オオキナ・オオキイ」,「オカシナ・オカシイ」などの類例とともに,「マッカナ」と「マッカイナ」,「マッカイ」の例が近松の浄瑠璃,歌舞伎などから示されているのであるが,次の「マッカイ」1例を除いて,他はいずれも「マッカイナ（ニ）」の形で色彩の赤を意味するものとなっている。

① 顔の色は四十斗で年比真かい分別髭,本妻のけて,よのをなご（女）顔も見まいといひそふな　　　　　　　　　　　　（源義経将棊経, 第一）

岩波書店版『近松全集』では,〔真かい〕の左側に「反・赤」の漢字注記を付している。顔の色が赤らんだ意味を掛けているのであろうか。しかし,「真」の表記からも「マッカイサマ（真返様）」の意味が中心であることは確かであろう（例①の前の部分に「尺八聞た所はきやしや（華奢）ひんなりのびなんしや（美男者）で, 有そふに思はれしに……」とある)。一方, 色彩の赤を表す

4. マッカイナの成立と意味の変容

「マッカイナ（ニ）」は，山田論文に，

② 彩鳳舞下 丹霄下 マツカイナソラニ又<u>マツカイナ</u>鳳凰ガ舞（フ）ハワ
ケガミヘヌナリ　　　　　　　　　　　　　（明暦二年版句双紙抄）

の例，また，近松作品から，

③ れんげ（蓮華）のかはりに米俵御めんめう（面貌）を<u>まつかいに</u>，御口
をくはつと大ひげあみだ如来一体で　　　　　　　　　　（薩摩歌，中）

④ 八わたあたご方々のおせんまいの包がみ，只今火に上ゲ申たりと，まに
<u>合うそもまつかいな</u>火ばしなぶりてゐたりけり
　　　　　　　　　　　　　　　　　（碁盤太平記，第一）〔1778年初演か〕

などの例が示されている。例④は，「嘘がマッカイナ」と「マッカイナ火箸」
との掛詞的な表現であり，先の第2節例⑧とも共通するものとして注目される。

色彩の赤を表す「マッカイナ（ニ）」の例として，狂言台本その他の例を示すと，次のようなものがある。

⑤ 正月の七日に，なづな太郎がまごじやくし，おび九郎がべにぞめ，<u>まつ
かいに</u>ひつかいにでたつて，くすべかはのたび（足袋）はき，むらさき
（紫）のじやうり（草履）をじやいりじやいりいはせて，……
　　　　　　　　　　　　　　　　　　　　　　（大蔵虎明本・打たる舞）

⑥ ヤイ太郎くはじや，またこちらのすみに，<u>真かいな</u>物が見ゆるが，あれ
は何じや。　　　　　　　　　　　　　　　　　（大蔵虎寛本・萩大名）

⑦ 今度は猿が<u>まつかいな</u>顔を致いて出まして，いづれもは是に御座れ。身
共は猿で候と申て，……　　　　　　　　　　（同・竹生島参り・上）
　　　　　　　　　　　　　　　　　　　　ちくぶしま

⑧ 三郎此（の）由きくよりも，なんのめんめん（面々）にあてゝこそは，
しるしには成（る）べけれと，かね<u>まつかいに</u>やきたて，十もんじ（文
字）にぞあてにける　　　　　　　　　　（説経節・さんせう太夫・中）

⑨ むかし（昔）はまつかう猿がつら<u>まつかいな</u>。
　　　　　　　　　　　　　　　　　　　　（噺本・私可多咄・三）〔1671年〕

⑩ ……と。押シやれば顔<u>真赤</u>。……こちらが勢田の。ヲヽ初心らしい。顔
　　　　　　　まっかい
<u>真赤</u>に勢田の夕照。　　　　　　　　（浄瑠璃・源平布引滝・二）〔1749年〕
まつかい　　せきせう　　　　　　　　　　　　　　　ぬのびきのたき

⑪ 痛みこらへられず，弥次郎かほを<u>まつかい</u>になし

（滑稽本・東海道中膝栗毛・六編下）〔1804年〕

⑫ <u>まつかい</u>に夕日は西に申の尻酉のかしらの夏のすず風

（万代狂歌集・上）〔1812年〕

　虎明本狂言の例⑤は舞の詞章におけるものであるが，「べにぞめ（紅染）」を受けていて赤の意味であることが確認できる。なお，虎明本の本狂言においては「マッカイナ（ニ）」の例は見られない（「マッカナ（ニ）」の例も「猿聟」の謡い物において「みな御かほは，まつかになつて」の例が見られるのみである）。なお，虎寛本狂言の例⑥について，同一場面を他の狂言台本でみると，近世初期の虎明本狂言においては，

⑬ あの<u>あかひ</u>花はととふ。　　　　　　　　（虎明本・萩大名）

の形で表現されている。これに対して，近世中期以降，固定期の大蔵流では「真っ赤いな」あるいは「真っ赤な」の使用が伝承されているようで，大蔵流山本家の台本，山本東本においても，

⑭ 太郎冠者，またこちらの隅に，<u>まっ赤いな</u>物がおびただしゅうあるが，
　あれはなんじゃ。　　　　　　　　　　　（山本東本・萩大名）

のように用いられている。

　以上，近世において，上方語，江戸語いずれにおいても，「マッカイナ（ニ）」の形をとりながら色彩の赤の意味に用いた例が広く見られるのである。山本東本を底本とする大系本『狂言集』例⑭の頭注（小山弘志校注）に，「『まっかな』が『まっかい』という形容詞の形と混じて『まっかいな』となった形」とあり，これは「真ッ赤イナ」の語形の成立過程として，一見自然なもののようにみえるが，問題は形容詞「マッカイ（真っ赤い）」がほとんど文献に顔を見せず，「真っ白な・真っ白い」や「真っ黒な・真っ黒い」など（あるいは，色彩語以外では「大きな・大きい」や「あたたかな・あたたかい」など）の形容動詞・形容詞両形式の共存状態と異なっている点である。現代語においても「マッカイ」はやはり劣勢である。これはおそらく「マッカ」の場合には「アカ（赤）」の語形が独立せず，融合してしまっているため，形容詞「赤い」の活用とは別のものと意識されやすいことによるものであろう。「マッサオ（真っ青）」の場

4. マッカイナの成立と意味の変容

合,「マッサオイ」の語形が存在しないことも思い合わされる。

したがって,色彩の赤を表す「マッカイナ(真っ赤いな)」の成立は,むしろ形容動詞「マッカナ(真っ赤な)」と形容詞「アカイ(赤い)」の混淆(コンタミネーション)と考えるべきであろう。

さて,以上のようにみてくると,「マッカイナ」には語源的に二つの流れを認める必要があることになる。まず,室町時代の末期から江戸時代にかけて「マッカイサマ(真返様)」の語形が多用されるようになると,「マッ＋カイサマ」という語構成意識が弱まって「マッカイ＋サマ」の形に異分析されて理解されるようになり,「サマ(様)」を脱落させた「マッカイナ」が,〈正反対の〉,〈まったく別の〉という意味で用いられ出したものと思われる。これが前述の第2節例⑧～⑬の「マッカイナ嘘」の類である。「マッカイサマナ嘘」の類の例そのものはなかなか見出しにくいが,「マッカイサマニ言う」のは,すなわち「マッカイサマナ嘘を言う」ことにほかならず,

⑮ 弟光照あくしんゆへ老母をがいし。あまつさへ我等をもおつかけ来り候ヘバ。万事頼存ると<u>まつかいさまに</u>偽りける。

　　　　　　　　(以呂波物語・三)〔前田 勇『近世上方語辞典』所引〕

の例などは,これを連体修飾の用法に転じるならば,まさに「マッカイサマナ偽り」となるわけである。

ところが,一方で色彩の「真ッ赤」の場合も,前述のように「真ッ赤イナ(ニ)」の語形を生じており,そのため「マッカイナ」は同音衝突を生じることになった。そこで,まず用法の限定されていた「マッカイナ嘘」の類が色彩の赤の意味に吸収されて衝突が回避されたのであろう。

「真ッ赤イナ(ニ)」の語形は,色彩語などが形容動詞語形から形容詞語形に転化しようとする一般的な趨勢を反映するものであったが,ただ,その語形の不安定さのため,結局形容詞には転じきれず,やがて「マッカナ(ニ)」という本来の形容動詞に回帰することになる。この段階に至ってはじめて,「マッカナ嘘」は,まぎれもない「真っ赤な嘘」として定着したのである。

ところで,本来色彩とは無関係だったものが,次第に「真っ赤な……」の形で定着したのはなぜなのだろうか。その背景には,色彩の赤と「嘘」,「偽り」の類とがイメージとして結びつけやすいという点が当然あったと思われる。相

手をだまして赤い舌を出すようなイメージを想起してもよさそうである。しかし，赤と「贋物」との結びつきとなると，また異なってくるであろうし，語源的にはやはり「マッカイナ贋物」などの表現が多用されるうちに，色彩の赤と混同して，そのイメージが一般化するようになったものと結論づけられる。このように，語史を丹念にたどることによって見えてくるものは，実にさまざまである。

■ 発展問題

(1) 国語辞典，慣用句辞典などで，「真っ赤な嘘」の類はどのように説明されているか，調べてみよう。

(2) 「大きな声」と「大きい声」，「真っ白な雪」と「真っ白い雪」のように，形容動詞と形容詞の両方の形が使われているものを，ほかにも探し，それぞれの使われ方を考察してみよう。

(3) 接頭語「まっ」がついてできる語には，どのようなものがあるかを探し，その語群に共通する意味特徴を考えてみよう。

(4) 「同音衝突」は，方言に関して問題にされることが多い。方言の概説書などで（本シリーズ第9巻『方言探究法』も参照），その概念や実態を調べてみよう。また，日本語の歴史の中で，同音衝突が生じ，それを回避するために語形や語義の変化が生じた事例を探してみよう。

■ 参考文献

1) 楳垣 実『語源随筆 猫も杓子も』(関書院，1960：開拓社，1989復刊)
2) 大野 晋ほか『日本語相談 二』(朝日新聞社，1990)
3) 小西甚一「鴨の声ほのかに白し―芭蕉句分析批評の試み―」(『文学』31巻8号，1963)
4) 小林賢次「『真っ赤な嘘』考―マッカナ・マッカイナ・マッカイサマナ―」(『人文学報』東京都立大学，282号，1998：『狂言台本を主資料とする中世語彙語法の研究』勉誠出版，2000所収)
5) 坂詰力治「成箕堂本『論語抄』のことば」(『国文学論攷』14号，1978：『論語抄の国語学的研究 研究・索引篇』武蔵野書院，1987所収)

6) 佐藤武義「『黄なり』から『黄色い』へ」(『国語論究5　中世語の研究』明治書院，1994)
7) 柳田征司「活用から見た抄物の語彙」(『愛媛大学教育学部紀要』第2部人文自然科学5・1，1973)
8) 山田忠雄「形容詞スルドシの成立」(『日本大学文学部紀要』4輯，1954)

第13章　「京都，大阪，そして神戸。そこには全然新しい世界があった。」古語とはいえない身近な表現は，日本語史の研究とは無関係か？

【文法，接続詞，近代語史】

キーワード：身近な表現，順接の接続詞「そして」，翻訳調，表現受容の素地

1. 身近な表現の探究

　日本語史ということばからは，いわゆる古語を考察の対象として，その実態や変遷を探るといったイメージを抱くことが少なくないだろう。たしかに，そうした探究姿勢は日本語史において一つの典型ではある。が，しかし，ことばの変化がいつの時代においても起こっているということを考えてみるならば，古語のみを扱うという先入観にとらわれてしまうことは，各々の探究眼や探究心の発掘や養成を考えると，あまり有益なことではない。

　冒頭例文中の名詞と名詞をつないで列挙する「そして」や，否定と呼応しない「全然」は，通常ではおよそ古語と呼ばれることのない語であるが，こうした身近な表現の用法についても，使用実態を探る，意味・用法の変遷を探るといった考察はありうるのである。

　これら二つのうち，「全然」については本シリーズ第1巻『現代日本語探究法』で取り上げられているので，ここでは「そして」を取り上げ，身近な表現の探究の一端を示してみることにしたい。

2. 名詞を列挙する「そして」の普及に関する問題

(1) これまでの指摘と問題の整理

(1) 彼は図書館へ行き，そして読書をした。
(2) 雨が降りました。そして土地をうるおしました。
(3) 本，鉛筆そしてノートを持参しなさい。

(4) 家，土地そして家財を売却する。

　順接の接続詞「そして」には，(1)(2) のような文と文をつなぐ用法と，(3)(4) のような語と語をつなぐ用法があるが，このうちの (3)(4) の用法の発生については，翻訳調の影響であることが，西谷元夫[5]により，次のように述べられている（上記例文 (1)〜(4) も同論文のものなので，以下引用中の (1)〜(4) と上記例文の (1)〜(4) とは対応している）。

　　ところで，この「そして」は本来，「そうして」のつまったものであり，「そう」(副詞)，「し」(動詞)，「て」(助詞) の三単語から構成されている複合の接続詞である。「そうし」は前にある動作をさし示し（右の例文 (1) では「行き」をさし，(2) では「降り」をさす），「て」は次に接続させる接続助詞である。従って，前例の (3) において，「本・鉛筆」と「ノート」とを接続させたり，(4) の「家・土地」と「家財」とを接続させることには無理があることがわかる。
　　前記 (3)(4) の用例は，従来の日本語の表現にはなかったもので，外国文学の移入により，いわゆる翻訳調が生まれたものと考えられる。
　　英語の場合，接続詞andが，単語と単語，句と句，節と節，文と文などを結びつける働きをしていて，前後に同類又は反対の語（句・節・文）を置いて接続するが，前後のものは名詞であってもかまわない。しかし，日本語の「そして」は英語の「and」とは本質的に異なるのである。例えば，
　　He has a pen, a pencil and a sheet of paper.
　の訳として，
　　A　彼はペンと鉛筆と紙とを持っている。
　　B　彼はペンと鉛筆，そして紙を持っている。
　の二つが考えられるが，Aの方は前述の理由により正しい訳であり，Bの方は翻訳調ではあるが，前述の理由により誤訳（これらの例において，日本語としての「そして」の用法が誤りであるということ）と考えるべきであろう。
　　　　　　　　　　　　　　　　　　　　　　　　　　（原文縦書き）

　さて，こうした指摘を踏まえた上でさらに考えてみたい問題の一つに，《本

来的には誤った用法である「名詞A，名詞Bそして名詞C」という表現がなぜ受け入れられたのか，「そして」の側には，誤訳の表現を受容する素地としてどのような使用実態があったのか》という問題がある。

　西谷氏もふれているように，"and"には「と，や，そして」など，いろいろな訳語をあてることができたであろうから，「そして」を用いた日本語訳が誤った表現であったのならば，その表現は選ばれず，代わりに他の訳語が選択されていったであろう。すなわち，「ペンと鉛筆と紙」，「ペンや鉛筆や紙」といった他の語による訳出ばかりが行われ，「ペン，鉛筆そして紙」という表現は現出してこなかったのではないかと考えられるのである。

　しかし，「名詞A，名詞Bそして名詞C」という表現が今日存在していることを考えると，同表現は，言下に否定されたのではなく，結局，受け入れられて普及していったわけである。そうすると，そこには，どのような受容の素地があったのだろうか。

　以下ではこの問題を考えることとし，そのために，「そして」の意味・用法の分類を行い，次いで，明治期の文学作品における「そして」の使用実態をみるという作業を行うことにする。

(2)　「そして」の意味・用法の整理

　意味・用法の整理にあたっては，複数の国語辞典の記述を比較する方法なども考えられるが，ここでは，「接続詞小辞典　口語編」[6]を参考にして，「そして」の意味・用法を以下のように2種5類に分類・整理する。

　○「そして」の意味・用法の分類
　Ⅰ．「そして」の前件と後件との間に順序性がある場合。
　　(a) 前件Aの結果として順当に後件Bがでてくることを示す。「Aその結果B」と解釈できるもの。
　　　　例　雨がやんだ。そして青空が広がった。
　　(b) 前件Aと後件Bの時間的なつながりを示す。「Aその次にB」と解釈できるもの。
　　　　例　彼は玄関の前に立った。そしてベルをおした。

2. 名詞を列挙する「そして」の普及に関する問題

Ⅱ.「そして」の前件と後件との間に順序性がない場合。
- (a) 一つのことがらの上にもう一つのことがらが重なることを示す。「Aそれに加えてB」と累加的に解釈できるもの。
    - 例　くじらは，魚にそっくりな形をしていますが，けもののなかまである証拠をたくさん持っています。そして，初めからあのような形ではなかったのです。
- (b) 二つのできごとを対等の関係でならべる。「主語1…述語1＋そして＋主語2…述語2」のようにできごとを対等の関係でならべ，「A一方（また）B」と解釈できるもの。
    - 例　フランス人は考えたあとで走りだす。そして，スペイン人は，走ってしまったあとで考える。
- (c) 複数のものごとを列挙する。
    - 例　京都，大阪，そして神戸に行ってきた。

※用例は，Ⅰa,Ⅰbは三省堂『例解国語辞典』第五版より，Ⅱa,Ⅱbは「接続詞小辞典　口語編」[6]より引用，Ⅱcは作例である。

　さて，こうした分類と先の例文（1）〜（4）とを照合して表1のように示してみると，（1）〜（4）をあげている先学の指摘では，Ⅱa，Ⅱbに該当するものがないことから，それらの用法についての考慮が十分でない可能性のあることがわかってくる。

表1

前件後件の関係	意味・用法の分類	先掲の例文（1）〜（4）
前件と後件に順序性がある	Ⅰa（Aその結果B）	(2)雨が降りました。そして土地を……。
	Ⅰb（Aその次にB）	(1)彼は図書館へ行き，そして読書を……。
前件と後件に順序性がない	Ⅱa（Aそれに加えてB）	該当なし
	Ⅱb（A一方B）	該当なし
	Ⅱc（列挙）	(3)本，鉛筆そしてノートを……。 (4)略

　しかし，「名詞A，名詞Bそして名詞C」（すなわちⅡc）という表現の発生，

受容，普及を考える上では，Ⅱa，Ⅱbの存在は重要であろう。なぜなら，表1から明らかなように，「そして」が順序性のない前件と後件をつないでいるという点において，Ⅱa，ⅡbとⅡcとの間には共通性がみられるからである。

Ⅰ類のみが使用されているもとにⅡcが現れた場合と，Ⅰ類に加えⅡa，Ⅱbが存在していたもとにⅡcが現れた場合とを想定してみれば，前者の場合よりも後者の場合のほうが，Ⅱcの受容は自然に進むことが考えられる。そのため，これらの用法の存在を確認することは，翻訳調のⅡcが，発生ののち立ち消えすることなく受容されていった理由を考える上では意味のあることだといえよう。

そこで，次項の文学作品による実例の調査では，このⅡa，Ⅱbの存在の確認を主な目的として作業を行うことにしたい。

(3)　「そして」の使用状況

明治期の文学作品は数々あるが，ここでは，翻訳文学が盛んとなった時期の直後の作品ということで，『当世書生気質』(坪内逍遙：明治18-19)，『浮雲』(二葉亭四迷：明治20-22)，『多情多恨』(尾崎紅葉：明治29)および翻訳文学の『小公子』(若松賤子訳：明治23-25)をみることにする。

まず，各作品の「そして」の使用状況を表2として示そう。

表2

作品名（年代） 「そして」の用法	前件後件に順序性有		前件後件に順序性無			その他
	Ⅰa A結果B	Ⅰb A次にB	Ⅱa A加えてB	Ⅱb A一方B	Ⅱc 列挙	反復，後件略
『当世書生気質』（明18）	0 (0)	4 (4)	0 (0)	3 (3)	1 (1)	0 (0)
『浮雲』　　　　（明20）	0 (0)	19 (0)	1 (1)	0 (0)	0 (0)	4 (3)
『小公子』　　　（明23）	9 (1)	50 (2)	14 (5)	10 (3)	1 (0)	0 (0)
『多情多恨』　　（明29）	0 (0)	1 (0)	1 (0)	0 (0)	0 (0)	0 (0)

注1　数字は例数。( )はそのうちの会話数。たとえば，9 (1)は「9例。そのうち会話1例」となる。

注2　『当世書生気質』，『浮雲』，『多情多恨』は岩波文庫を使用。『小公子』は川戸道昭・榊原貴教編『復刻版　明治の児童文学　翻訳編』第三巻（ナダ出版センター，1999）を使用。

表2をみると，本来的な用法とされるⅠa，Ⅰbのほかに，Ⅱa，Ⅱbもある程度の数をみることができ，Ⅱcに先立ってこれらの存在していたことがうかがわれる。実例を以下にあげておこう。

○Ⅱaの例
　①「さっきの方はよっぽど別嬪でしたネー。」
　　「エ，さっきの方とは。」
　　「ソラ，課長さんの令妹とかおっしゃッた。」
　　「ウーだれの事かと思ッたら……そうですネ，随分別嬪ですネ。」
　　「そして家で視たよりか美しくッてネ。それだもんだから……ネ……あなたもネ……」　　　（Ⅱa。『浮雲』第七回団子坂の観菊　上）
　②　僕は始め思つたよりか今侯爵になりたく候此のお城は大変綺麗で僕みんなが大変好だからで候そして大層金があれば色々のことができるからで候　　　　　　　　　　　　　　（Ⅱa。小公子第十二回（丙））
○Ⅱbの例
　③「ハイ，左様ぢゃ。わしが亮右衛門ぢゃ。もっとも今の名は友定といふが，マアそんな事はあとでも宜しい。アノお袖，イヤ，お民さんとやらは，今まで何処に如何してをったのぢゃ。そしておふくろはなくなつたか。」　　　　　（Ⅱb。『当世書生気質』第十八回）
　④　老侯は此時暖室爐の側の贅沢を極めた安楽椅子によつて，彼の酒風症に悩んだ御足を足台の上に休めて居られましたが，フサ〜した眉の下の鋭どい眼はハ氏をキと睨まへて居りました。そして外貌は沈着に見へても，心の中は密かにイラ〜してざわだつて居るといふ事はハ氏もよく承知して居りました。　　　（Ⅱb。『小公子』第五回（下））

また，Ⅱcにあたるものもわずか2例ではあるが，次のようなものが見出された。

○Ⅱcの例
　⑤「おまへ何くふか。えいもんをさういうて遣るがえいぞ。」

「それぢャアあのウ，口取とネ，そして何かうま煮とネ。それからエート，何に為ようか。」　　　　（Ⅱc。『当世書生気質』第十四回）
⑥「僕などもあゝいふのはとんと見た覚へは御座らんからネ，骨柄の立派な事，そして小馬に跨がつた塩梅は，丸で，騎馬武者かなんぞの威勢でネ」（Ⅱc。『小公子』第十一回（内）「　」符号は引用者による補い）

　ただ，このうちの⑥は，「……事，そして……塩梅」とみれば，二つのものごとを列挙的に示すということでⅡcと見得るものの，「本，鉛筆そしてノート」のような，名詞そのものを結びつけて列挙する形には，形式上なお一歩隔たりがある。そのため，これはⅡcの確例とみるよりも萌芽的用例とみて慎重に考えるほうが適切であろう。したがって，Ⅱcについては，実質的には⑤の一例ということになる。Ⅰa，ⅠbやⅡa，Ⅱbの用例数と比較して考えると，明治20年代ではまだ普及しているとはいいがたい状況にあると考えられよう。
　さらに，このように実例をみることであらためて気づくことは，Ⅱc以外でも，複数（三つ以上）の事柄を列挙的に示す表現がみられるということである。先学の指摘の，
　(1)　彼は図書館へ行き，そして読書をした。　　　　（＝本稿のⅠb）
　(2)　雨が降りました。そして土地をうるおしました。（＝本稿のⅠa）
　(3)　本，鉛筆そしてノートを持参しなさい。　　　　（＝本稿のⅡc）
といった用例をみていると，複数の事柄の列挙はⅡcの専売特許であるかのように錯覚をするのであるが（もっとも，錯覚は読み手の勝手な誤解ともいえるのであるが），それ以外の用法の中にも次のような表現をみることができるのである。

⑦　お政は菊細工にははなはだ冷淡なもので，ただ「きれいだことネー。」トいッてツラリと見わたすのみ，さして目を注める様子もないが，その代わり，お勢と同年配ごろの娘にあえば，丁寧にその顔貌風姿を研窮する。まず最初に容貌を視て，次に衣服を視て，帯を視て爪端を視て，行き過ぎてからズーと後姿を一瞥して，また帯を視て髪を視て，そのあとでチョイとお勢を横目で視て，そして澄ましてしまう。妙な癖

もあればあるもので。　　　　　　　　（Ⅰb。『浮雲』第七回）
⑧ 其時おつかさんのお顔はまだ青ざめてゐて，奇麗なお顔の笑靨がスッカリなくなつて，お眼は大きく，悲しそうで，そしておめしは眞ツ黒な喪服でした。　　　　　　　　（Ⅱa。『小公子』第一回（上））

連用形と「そして」との併用による，こうしたたたみかけるような表現は，Ⅱcの「名詞A，名詞Bそして名詞C」とどこか似る印象を与える。そのため，こうした用法の存在もまた，Ⅱcの受容，普及の一助となったのではないかと考えられる。

(4) 「そして」のまとめ

では，これまでのところに基づいて，箇条書きの形で「そして」のまとめをしてみることにしたい。

○本来の「そして」の用法とは異質の「名詞A，名詞Bそして名詞C」（本稿のⅡc）という名詞を列挙する用法は，翻訳調により発生したといわれている。しかし，それを述べるにあたっては，本来的ではない表現がなぜ受け入れられ普及したのかを述べる必要がある。
○「そして」の用法を分類してみると，Ⅱc同様，順序性のない前件と後件をつなぐ用法（Ⅱa，Ⅱb）のあることがわかる。しかも，これらの用法はⅡcが普及する前にはある程度用いられていた様子があることから，こうした用法がⅡcの受容，普及に影響をしたのではないかと思われる。
○また，用例⑦⑧のように，複数の事柄を列挙する用法はⅡc以外の用法でもみられる。こうした表現からは，Ⅱcに似ているという印象を受けることから，こうした用法もまたⅡcの受容，普及に影響をしたのではないかと考えられる。
○すなわち，「名詞A，名詞Bそして名詞C」（Ⅱc）が発生した時点で，「そして」は，先学があげるような用法のみではなく，かなり多様な用法をすでにもっており，そうした状況が本来的ではない翻訳調の用法の受容，普及を促す一要因となったのではないかと考えてみるのである。

以上を，従来の指摘に添えるものとして提示しておくことにしよう。ただ，この言及内容の蓋然性を高めるためには，今後さらなる使用実態の調査が必要である。この点も合わせて添えておくことにしたい。

3．おわりに

　以上，「そして」を例に身近な表現の探究について，その一端を示してみたが，最後に，次のことを述べて終えることにしたい。

　身近な表現の意味や語法については，よく「本来は○○という用法が正しいが，最近は（あるいは最近の若者は）××といった（誤った）使い方がされている」といった言い回しの指摘がなされる。しかし，この種の指摘については，それを鵜呑みにせず，次のような点を今一度確認してみる必要がある。

（ア）本来の用法とはどのような用法で，いつごろから行われているのか。いつの間にか特定の用法のみが本来視されている場合がある上に，本当に本来であるのかが確認されていない場合がある。

（イ）最近とはいつごろのことをいうのか。数十年続いているにもかかわらず，最近といわれている場合があったりもする。

（ウ）誤った用法にはどのような用法があるのか。また，正当な用法との接点はないのか。本来の用法の場合同様，特定の用法のみが誤用視されている場合がある。また，誤用であるにしても，その中で分類可能な場合がある。

　つまり，ひとことでいえば，使用実態との照合が必要であるということである。たとえ簡便でもそれを意識して行うと，一般にいわれるほど，事は簡単ではないということがわかってくる。そこが一つの出発点になるであろう。

■ 発展問題

（1）接続詞についてみてみると，明治期では，作家や作品によって使用頻度に偏りのあることが指摘されている（京極・松井[3]）。接続詞によっては，使用

されたりされなかったりと，いわば書き手任せの状況であったようである。京極・松井論文によってそうした状況を確認した上で，任意の接続詞について，用法の分類，実例の調査などの探究をしてみよう。手始めに同論文で示されている数字や傾向を，そこであげられている作品をみて確認してみるとよい。

(2) ここ数年，文化庁「国語に関する世論調査」が報告されている。2003年度の調査（2004年7月29日発表）によると，「檄を飛ばす」「姑息」「憮然」，「雨模様」，「さわり」などで誤解が生じているとのことで，「文化庁国語課は『本来の意味が失われてきているとともに，慣用句自体を国民が使わなくなってきているのかもしれない』と分析する」（毎日新聞2004年7月30日付）とコメントもしている。が，例によって，いつごろからどのように変わってきたのかについてははっきりしない。章末に示した（ア）〜（ウ）なども参考にして，これらの表現の意味，用法とその使用状況を調べてみよう。手始めとして，なるべく多くの国語辞典（『日本国語大辞典』（第2版），『広辞苑』，『大辞林』，『大辞泉』，いわゆる小型の国語辞典，など）を見比べてみるとよい。その場合，一々の用例の確認に注意を払いたい。

■ 参考文献

1) 梅林博人「明治期の接続詞『そして』について―翻訳児童文学作品を資料として―」（『日本語研究』第22号，東京都立大学，2002）
2) 梅林博人「名詞を列挙する『そして』について」（『相模女子大学紀要』66A，相模女子大学，2003）
3) 京極興一・松井栄一「接続詞の変遷」（『品詞別日本文法講座6』，明治書院，1973）
4) 長田久男「接続詞小辞典　口語編　そして②」（『月刊文法』第2巻第12号，明治書院，1970）
5) 西谷元夫「表現上の問題点二つ　その一『……ならないさきに』その二接続詞『そして』の用法」（『解釈』5月号，解釈学会，1973）
6) 松井利男「接続詞小辞典　口語編　そして①・そうして」（『月刊文法』第2巻第12号，明治書院，1970）
7) 森岡健二『欧文訓読の研究―欧文脈の形成―』（明治書院，1999，pp.246-247）
8) 山口明穂・秋本守英編『日本語文法大辞典』（明治書院，2001）

第14章　敬語「おっしゃる」,「いらっしゃる」は, どのようにしてできたことばか？

【語彙, 敬語史】

キーワード：尊敬語,（サ）シャル敬語, オッシャル, オシャル, イラッシャル

1.「言う」の尊敬表現

　現代の敬語表現は, 文法的な形式が決まっていて, 尊敬語の場合,「れる」,「られる」あるいは「お……になる」のように, 種々の動詞に接続して敬意を表すものが多い。ところが,「おっしゃる」は「言う」の尊敬語,「いらっしゃる」は「行く」,「来る」や「居る」の尊敬語として, 語彙体系に位置づけられている。そのほかにも,「見る」の尊敬語「ご覧になる」や,「する」の尊敬語「なさる」,「遊ばす」など, 語として用いられているものがあるが, どの動詞においても, 常体と敬体それぞれの語が揃っているわけではない。

　古代語においては,「言ふ」の尊敬語として「のたまふ」や「仰せらる」,「思ふ」の尊敬語として「おぼす」や「おぼしめす」,「見る」の尊敬語として「御覧ず」のように, それぞれの動作概念に対応する尊敬語が, 現代語の場合以上に多く存在していたのである。現代では,「おっしゃる」や「いらっしゃる」は,「なさる」,「下さる」,「遊ばす」などとともに, 数少ない語彙的な尊敬語ということになる。

　ところで, この「おっしゃる」と「いらっしゃる」は, どちらも「…シャル」という形態をとっているが, その語源, あるいは語構成は同じものなのだろうか。これがこの章のテーマであるが, 実は, この二つは現代語における語形や用法が同一であっても, 歴史的には異なったものと考えなければならないのである。以下, 具体的にみていこう。

2.「おっしゃる」の成立

　まず,「おっしゃる」の成立についてみよう。この語に先行する「言う」の尊敬語としては, 中世の「仰せある」の形, あるいは,「仰せらる(る)」の形があげられる。

　室町時代に漢籍や仏典の講義を聞き書きした, いわゆる抄物には,「仰せある」と同類の「仰せなる」の転とみられる「オシナル」や,「オセアル」のような例が現れているが, いずれも四段活用のもので, 下二段の「仰せらるる」が音融合を起こしたとみるべき例は認められない。したがって, まず「おっしゃる」に先行して「おしゃる」の形が用いられ, この「おしゃる」は, 四段活用であるので,「仰せある」の転じたものということになる。

　「仰せらる(る)」の形も中古以来よく用いられてきたものであるが, 中世においてはそのままの形で高い敬意を表す形式として用いられており, したがって, 四段活用の「オセアル」,「オシャル」の成立とは一応無関係である。

　「オシャル」は, 抄物のほか, キリシタン文献, 狂言など, 室町期の口語的な文献に多く用いられている。

① 天子カラヲシヤアルコトゾ。見ニクイ処ゾ。……天子カラ使フマイトオシヤラウナラバ罪ヲ行ゾ。　　　　　　　　　　（毛詩抄・十二）

② 新中納言ノヲシャッタワ, 都ヲ出テマダ一日モ経ヌニ, ハヤ人ノ心モ変ワリハテタレバ……ト言ウテ　　　　　　（天草本ヘイケ・巻3・8）

③ (男甲) たもんでん (多聞天) の仰らるるは, 両人の者ども是へ月まうで (詣) をする事, 神妙におぼしめすほどに, 則これを下さるると仰られて, ふくありのみ (福有りの実) を下さるるとおもふて, ……
　(男乙) それはめでたひ事じゃ。さあらばふたりいつも同道して是へまいる。其(の)上二人に下さるると仰られたとおしやつたほどに, 半分はみどもにもたもれ。　　　　　　　　　　　（大蔵虎明本・連歌毘沙門）

　用例にも見えるように, より敬意の高い「仰せらるる」に対して, 軽い敬意を表すものとして「おしゃる」が使われている（例③では, 多聞天のことばの引用には「仰せらるる」, 対等の相手である聞き手に対しては「おしゃる」を

用いている)。大蔵虎明本狂言(寛永19〈1642〉年書写)などには,「おしゃる」の例はあるが,「おっしゃる」の例はみられない。したがって,「おっしゃる」は,近世,江戸時代に入ってからの新しい語形であると考えられる。

　江戸時代に読み物として刊行された版本『狂言記』(正編の刊行は万治3〈1660〉年)においては,近世の新しい用語も取り入れられていて,大蔵流・和泉流・鷺流という,当時の流儀の台本とは性格を異にしているが,「オシャル」の形とともに「オッシャル」も用いられていて注目される。活用形は四段と下二段の両方の形がみえるが,「オッシャル」のほうが,下二段に活用する傾向が強い。このころには,すでに活用の体系がゆれていたものとみることができよう。

④ ただ今なを(直)れ,うつてすてふと<u>おしやれ</u>まするお手もとは,おおぢご(祖父御)様の御まへにて……ちやうちやく(打擲)なされたるお手本と,今殿様のおのれうつてすてふと<u>おつしやるる</u>お手本が,あゝように(似)まして御ざる。　　　　　(狂言記・巻二・二千石(じせんせき))

⑤ (五兵衛)のふ市兵衛,それはなにと<u>おしやる</u>ぞ。そちは,女房をさつたげなが。
　(市兵衛)なんと<u>おつしやれ</u>まするぞ。身共が女房をさつたと,<u>おつしやれ</u>まするか。　　　　　(同・巻三・法師物狂い)

⑥ (九郎二郎)どう<u>おつしやれ</u>ても,今日は成まぜぬ。
　(庄右衛門)のふ九郎二郎,ならぬと<u>おしやつた</u>ぶんでは,らち(埒)があくまひ。　　　　　(同・巻三・八句連歌)

　近世中期の近松門左衛門の世話浄瑠璃などにおいては,「おっしゃる」を普通に用いている。下二段の活用をも残しているが,全体的には四段活用に固定化する傾向が認められる。このような形は,現代のように「おっしゃる」が固定化する前の状況を示していることになる。その後,現代では「おっしゃる」の形をとりながら,「おっしゃらない」,「おっしゃります(おっしゃいます)」,「おっしゃった」のように四段(五段)活用として定着する。したがって,現代語の「おっしゃる」は,基本的に「仰せある」を出自としながら,「仰せら

るる」の影響をも受けて下二段活用をとることもあり，最終的には四段に落ち着いたものとして位置づけられることになろう。

3.「いらっしゃる」の成立と発達

一方，「いらっしゃる」の場合は，「入らせある」という形は想定できず，当然「入らせらるる」からの転であると考えなければならない。「入らせらる（る）」は，「入る」に尊敬の助動詞「す」と「らる」が複合した形で接し，高い敬意を表すものであった。この形は，基本的に「行かせらる（る）」，「取らせらる（る）」（一，二段活用などに接する場合は「させらる（る）」がつく）などのように，動詞に接して尊敬の表現形式となるものである。

ところが，近世において，この「せらるる」，「させらるる」の形式が，「シャル」，「サシャル」に音変化するようになる。もともと，近世の初期までの「せ」の音はシェであり，「せら」の箇所が拗音化を起こしたものということになる。

次頁の表は，前述の版本『狂言記』（正篇・外篇・続・拾遺）において，「シャル」，「サシャル」の活用がどのような状況にあるかを示したものである（小林[9]による）。

この表において，終止・連体形はほとんど〈（サ）シャル〉で，四段型に転じているのに対し，他の活用形では，下二段型が優勢であることがみてとれるであろう。湯沢幸吉郎[14]などによると，近松の世話浄瑠璃などでは，未然形の場合を除き，ほぼ四段化しているという。その点からすると，この版本『狂言記』の場合は，狂言台本という性格上，近世においても，やや古い様相を伝えていると言えそうである（もっとも，室町ことばを基本とする狂言の台本においては，（サ）シャル敬語は用いられないのが普通であり，（サ）シャル敬語を多用すること自体，『狂言記』の近世的な要素を示すものである）。

「召さる」，「なさる」，「下さる」など，本来ラ行下二段であった敬語動詞も，近世において同様の推移を生じている。これらと同様，本来の「る」，「らる」という性格が薄くなり，全体で一語的に把握されるようになって，活用体系の主流である四段型に合流するようになったものである。

ただし，「いらっしゃる」は，「行く」，「来る」，「居る」の尊敬語として，さ

版本狂言記における「シャル」,「サシャル」

	シャル（ッシャル）	正	外	続	拾	サッシャル（サシャル）	正	外	続	拾
未然形	シャレ〔下二〕	1(1)				サッシャレ〔下二〕	7[0]			
	シャリャ〔下二〕	2(2)								
連用形	シャレ〔下二〕	103(79)				サッシャレ〔下二〕	26[2]			
						サシャレ〔下二〕	4[1]			
	シャリ	2(1)								
	シャッ	4(1)								
終止・連体形						サッシャルル〔下二〕	1[1]			
	シャレル〔下一〕	1(1)								
	シャル	11(7)		1(0)		サッシャル	10[5]	1(0)		
						サシャル	1[1]			
	シャン	2(1)								
已然形	シャレ〔下二〕	2(1)								
命令形	シャレイ〔下二〕	52(29)				サッシャレイ〔下二〕	17[3]			
	シャレ	2(2)	2(2)	3(0)	3(0)	サッシャレ	4[0]			
合計	(ッ)シャル合計	182(135)	2(2)	4(0)	3(0)	サ(ッ)シャル合計	70[13]	1(0)	0	0

注1 正：正篇，外：外篇，続：続狂言記，拾：狂言記拾遺。
注2 シャルの（ ）内は促音を伴う「ッシャル」の例（内数）。
注3 サッシャルの項目〔 〕内は本動詞の用法（内数）。

らには，補助動詞として用いられ，意味・用法が広いものであるが，その成立は，江戸時代後期の江戸語になってからとみられる。前期の上方語においては，「お出でなさる」，「お行きなさる」などの言い方が発達しており，「入らせらるる」の転じた「いらっしゃる」が，その位置を占めるまでに至らなかったのである。

江戸語においても，「いらっしゃる」の使用例はあまり多くはないようである。次のような例をみると，いわゆる「遊ばせことば」に使われる，かなり敬意の高いものであったことが推定される。

① 「ソシテ奥様の御意に入りまして，名をばお呼び遊ばさずに，おちゃっぴいヤ，於茶ヤ於茶ヤとお召遊ばして，お客様の入らっしゃる度に，此

子を御吹聴遊ばすさうでござります。
　　　　（滑稽本・浮世風呂・巻二・上）〔人柄のよい女房の会話〕
② さる「さうさ婆はあたりめへだが，金溜屋のおかみさんよ。人品の能風をして居てとんだ目口乾きだの。遊ばせの，<u>入らツしゃい</u>のと，たべつけねへ言語をしてもお里がしれらア。
　　　　（同・巻三・上）〔遊ばせことばを使うおかみさんに対する下女の批判〕

　山西正子[12]によると，近世末期においては，補助動詞としての用法も生じ，次第に発達してきていることが知られる。明治時代に至って，「おいでなさる」などから「いらっしゃる」に交替する傾向が強くなったもので，上品なことばを用いる階層のことばから一般家庭にも浸透したものとして位置づけられるという。
　興味深いのは，最初にも述べたように，現代語の敬語の体系において，「いらっしゃる」などは基本的な位置を占めているのであるが，そのもととなった（サ）シャル敬語は，全体的には，現代共通語においては，ほとんど衰退してしまっていることである。「行く」，「来る」あるいは「居る」という基本的な概念にあたる尊敬語として，この「いらっしゃる」は，（サ）シャル衰退の時期にむしろ発達を遂げている点が注目される。
　はじめに，現代では語彙的な形で残存していると述べた。こうした事象の存在は，言語変化というものが，基本的には体系的な大きな変遷として把握されるべきものであるが，一見それに反するような，さまざまな個別の事態の存在にも目を向けていく必要があることを示唆するものであろう。

■ 発展問題

(1) 現代語において，「言う」の尊敬表現としては，「おっしゃる」のほか，「言われる」，「お言いになる」などの形式も使われ，その敬意の差が問題となる。明治時代以降の文学作品などから「言う」の尊敬語にあたる用例を集め，敬意の程度や用法の特色を比較してみよう。

(2) 次のように，「言う」の尊敬語として「申される」が使われることがある。

「ただいま議長が申されましたとおり，……」
① この言い方は正しい敬語と言えるだろうか。
② どのようにして，この「申される」という言い方が生まれてきたのだろうか。尊敬語と謙譲語という観点から考察してみよう（大石初太郎『現代敬語研究』（筑摩書房，1983），菊地康人『敬語』（角川書店，1994）など参照）。

(3) 尊敬語の反対に位置するものに，卑罵語(ひば)，軽卑語(けいひ)などと言われる用法がある。「言う」の卑罵語にはどのようなものがあり，どのようなニュアンスで使われてきているか，調べてみよう。

(4) 本文中に述べたように，「いらっしゃる」と同様，「召さる」，「なさる」，「下さる」なども，江戸時代にラ行下二段活用から四段活用に転じたものである。これらが，どのようにして活用を転じるようになったのか，坂梨隆三[10]などを参考にして，調べてみよう。

(5) 平安時代以降の敬語について，「言う」や「行く」，「来る」のほか，「聞く」「思う」の尊敬語，謙譲語にはどのような語があり，その敬語の体系はどのようなものだったか調べ，現代語の場合と比較してみよう。

■ 参考文献

1) 穐田定樹『中古中世の敬語の研究』（清文堂出版，1976）
2) 大倉 浩「『おっしゃる』小考─『狂言記（正篇）』の用例から─」（『静岡英和女学院短期大学紀要』18号，1986）
3) 大塚光信「オシャル」（『叙説』昭和54年10月，奈良女子大学，1979）
4) 大塚光信『抄物きりしたん資料私注』（清文堂出版，1996）
5) 岡村和江「『いらっしゃった』と『いらした』」（『口語文法講座』第3巻，明治書院，1964）
6) 岸田武夫「近世語シャル・サシャルの系譜（一・二）」（『国文学言語と文芸』第4巻2号，6号，1962）
7) 岸田武夫「近世語オシャル・クダサルの系譜」（『京都学芸大学紀要』25号，1964）
8) 小林賢次「話す行為を表すことばの待遇的考察」（『狂言台本を主資料とする中世語彙語法の研究』勉誠出版，2000）
9) 小林賢次「和泉流三百番集本狂言におけるシャル・サシャル敬語」（『国語と国文学』78

巻1号，2001)
10) 坂梨隆三『江戸時代の国語　上方語』(東京堂出版，1987)
11) 辻村敏樹「近世後期の待遇表現」(『国語と国文学』36巻10号，1969：『敬語の史的研究』東京堂出版，1968所収)
12) 山西正子「『いらっしゃる』考」(『国語学』88集，1972)
13) 山崎久之『国語待遇表現体系の研究』(武蔵野書院，1963)
14) 湯沢幸吉郎『徳川時代言語の研究』(刀江書院，1936：風間書房，1962再刊)
15) 湯沢幸吉郎『江戸言葉の研究』(明治書院，1954：1957増訂版)

第15章　デス・マス体は，いつから，どのようにして広まったのか？

【文体史，丁寧語】

キーワード：丁寧語，丁重語，常体と敬体，素材敬語，対者敬語，デス，マス，ゴザイマス

1. 問題の所在

デス・マス体は，敬体あるいは丁寧体とも呼ばれる。常体あるいは普通体と呼ばれる通常の表現に対して，聞き手に丁寧な物言いをする文体をさす。

このデス・マス体は，近代語の文体を成立させるきわめて重要な要素となっているが，その成立はかなり新しい。「マス」の発達は江戸時代になってからのこととなり，「デス」の場合は，近世後期江戸語，あるいは明治時代に入ってからの発達とみてよい。本章では，まず，丁寧表現の発達過程を探り，「デス」や「マス」がどのようにして成立し，日本語の文体の中に位置づけられてきたのか，現代に至る状況を明らかにしていくことにしよう。

2. 敬語の分類（素材敬語と対者敬語）

まず，敬語の分類についてみておく。敬語の分類にはさまざまな立場があるが，大きくとらえると，動作の対象となる受け手，動作をする動作主という関係でとらえられる尊敬あるいは謙譲の表現がある。これに対して，丁寧語の場合は，聞き手に対しての敬意，あらたまりを表すものであって，話題の内容には関係しないところに特徴がある。時枝誠記の分類では「詞の敬語」と「辞の敬語」，辻村敏樹の分類では，「素材敬語」と「対者敬語」のように呼ばれるものである。

素材敬語は，「AがBにある行為を行う」という関係において，AとBの人間関係が問われることになる。これに対して，対者敬語の場合，話し手の敬意は

もっぱら聞き手に向けられており，したがって，
　　どちらからいらっしゃいましたか。〔尊敬語＋丁寧語。聞き手＝動作主〕
　　これからお宅へうかがいます。〔謙譲語＋丁寧語。話し手＝動作主〕
というように，尊敬語や謙譲語を伴う場合，〔「話し手」対「聞き手」〕という関係と〔「動作主」対「受け手」〕という関係が重なりを持つ場合がある。これに対して，
　　雨が降っている。
という客観的な事態に関して言う場合，人間の動作を離れた事態であり，
　　雨が降っています。
　　雨が降っております。
という形で，同一の事柄，内容を聞き手にいかに伝えるかという配慮を伴って表現されるものということになる。この聞き手めあての敬語の発達は，古代語と近代語という関係でとらえると（第1章参照），近代語の一つの特色として数えることができる。

3. 丁寧表現の歴史

　上代，奈良時代においては，尊敬語，謙譲語は発達していたけれども，丁寧語はいまだ存在しなかった。平安時代に入り，そばにお付きするの意の「はべり」やそばに伺候する意の「候ふ」が，話し手の謙譲的な用法から転じ，人間や事物がそこに「居る」，「ある」という意味で，あらたまった言い方として使われるようになった。

　鎌倉時代には，「はべり」は衰退し，「さぶらふ」（「さむらふ」，「さもらふ」の形でも）が発達する。さらに室町時代になると，もともと尊敬語として高い敬意を表すものであった「御座有る」が，「ござる」の形に転じ，用法の上でも，丁寧語あるいは丁重語（「ここに扇がござる」のように，事物の存在を表しつつ聞き手への敬意を表すもの。宮地　裕[12]の定義による）と呼ぶべきものに推移するようになった。次の例は，本来の尊敬語の用法のものである。

① 法皇は折しも新熊野へ御幸なるべきにて，……錦帳ちかく御座あ（ッ）
　て
　　　　　　　　　　　　　　　　　　　　（覚一本平家・巻三・御座）

② アノ，先達ノ御房コソ，大塔宮ニテ御座アレ。
　　　　　　　　　　　　（太平記・巻五・大塔宮熊野落事）

　例②のほうは，「……ニテ御座アレ」という断定判断の例となっているが，現代の「……でいらっしゃる」の用法と同一である。これに対して，キリシタン版の『天草本ヘイケ物語』（第1章参照）などになると，次のような使われ方が普通になる。

③ マタ都ニ聞コエワタッタ白拍子ノ上手ガ一人デキタガ，加賀ノ国ノ者デ，名ヲバ仏ト申シタ。年ワジュウロクデゴザッタ。
　　　　　　　　　　　　（天草本ヘイケ・巻2・1）

　これは，明らかに「……であった」という断定表現を丁寧に表したものということになる。『天草本ヘイケ物語』の場合，琵琶法師の喜一検校が，公家，右馬之丞の所望にこたえて『平家物語』を語るという設定になっており，この場合は聞き手である右馬之丞に対する敬意とみるべきものになっている。
　狂言台本では，大蔵虎明本（1642年書写）など，室町時代の様相を伝える近世初期の台本では，より古い形である「ござある」と音変化した「ござる」とが共用されているが，のちの近世中期以降の台本になると，次第に「ござる」専用となってくる。
　なお，その否定形式の場合も，古い台本では「御座無し」に由来する「ござない」と「ござる」を打ち消した「ござらぬ」の両形が共存しているが，やがてこれも「ござらぬ」の形に限られるようになる。

④ きかせらるるやうな事では御ざない。
　　　　　　　　　　　　（大蔵虎明本・大黒連歌）〔参詣人→大黒〕
⑤ 三人ながらこれは参るも別の事でもござらぬ。
　　　　　　　　　　　　（同・財宝）〔孫ども→祖父〕

　「ござる」系列よりも軽い敬意を表していた「おりゃる」や「おぢゃる」も

尊敬語から丁重語，丁寧語という，同じ変化を生じている。ただし，江戸時代において，「ござる」系の語が敬意を減ずるとともに，より敬意の低い「おりゃる」「おぢゃる」は敬語としての存在意義を失い，姿を消すようになった。

「ござる」は，江戸時代においては，中期のころまでは，丁寧表現（丁重表現）の中心となるものであった。ところが，1700年ごろ，元禄時代前後ともなると，「ござる」の用法には大きな変化が生じることになる。

まず，「ござる」の使用が広がるとともに，敬意の漸減が生じ，やがて，「ござる」のみでは十分な敬意を表現しがたいものと意識されるようになる。その結果，もう一つの丁寧表現「まする」と共存させる形で高い敬意を表そうとするようになる。「……ましてござる」の形，あるいは，「ござりまする」の形であり，二重敬語のように呼ばれる（「……ましてござりまする」となると，三重敬語ということになる）。

この「まする」の発達も，現代語とのかかわりにおいて，注目すべきものである。「まする」は，もともと謙譲語の「参らす」に由来する。「頼み参らする」のように，補助動詞として用いられ，本来は話し手自身の動作，行為に関して，その動作の受け手に敬意を表すものであった。

室町時代には，この「参らす」が，「まらする」という形で用いられるようになり，さらには「まする」に転じて，現代の「ます」に連続することになる。キリシタン文献では「まらする」の段階にあり，次のように用いられている。

⑥ コノ難ヲヲ助ケアラバ，水ト魚ノゴトク親シミ<u>マラショウ</u>。
　　　　　　　　　　　　　　（天草本エソポ・鶴と狼の事）〔狼→鶴〕
⑦ エソポコレヲ見テ，立チ帰ッテ，「風呂ニハタダ一人居<u>マラスル</u>」ト言ウ
　タレバ　　　　　　　（同・エソポが生涯の物語略）〔エソポ→主人〕

この場合，例⑥では，話し手自身の行為に関して「マラスル」を用いており，謙譲語としてのものであるが，例⑦になると，エソポが目撃した状況を主人に報告している場面であり，第三者に対して用いているので，この「マラスル」は丁寧語と認めるべきものとなっている。

狂言台本においては，この「まらする」から「まする」への推移の状況がよ

く映し出されている。

⑧ それを存じたらば、是を買はうと申さうが、存ぜぬに依つてよばはり<u>ま</u><u>らする</u>。　　　　　　（虎明本・末広がり）〔太郎冠者→売り手（すっぱ）〕
⑨ よそへおじやつたらば人が目を抜き<u>まらせう</u>ぞ。

（同）〔売り手→太郎冠者〕

　大蔵虎明本狂言の例を示したが、虎明本では、「まらする」とともに、「まする」に転じた形も見られる。

⑩（太郎冠者）代物はどこで渡し申さう。
　　（売り手）三条もがりやで請取<u>ませう</u>。
　　（太郎冠者）さらばそれで渡し<u>ませう</u>。　　　　　　（虎明本・末広がり）
⑪ たのふだ（頼うだ）人申され<u>まする</u>は、時分もよう御ざる程に、はやうござつてくだされひと申され<u>まする</u>。　（同・煎じ物）〔太郎冠者→客人〕

　近世中期においては、こうして「ござりまする」の形が発達することになる。この形は、「ございます」、「ございます」と形を転じ、あらたまった丁寧表現として現代語においても継承されてきている。
　一方、この「ござりまする」は、近世後期江戸語に至ると、次のようなさまざまな語形に転じ出す。

　　　　ござりんす　　ござんす　　ごんす　　がんす　　げす

　これは、語形を崩し、さまざまな語形を生み出すことによって、それぞれの文体や位相にふさわしいものを選択するようになったためであると考えられる。自然な音変化であるならば、次々に変化し、もとの形は失われていくことが普通であろう。さまざまな語形が共存しているのは、こうした変化により、自らに適した語形を選択して使用することができたことを示すものであり、そのバラエティに富む多様性が重要な意味を持つのだといえよう。

4. デス・マス体の成立と発達

現代語の「デス」の成立に関して，その語源として説かれているものは，

(a)「でござります」由来説

(b)「であります」由来説

(c)「で候」由来説

と，さまざまである（諸説については，吉川泰雄[16]が詳しい）。古くは「でおはす」説などもあったが，現在では問題にならない。(a) と (b) とは，前述した近世後期江戸語におけるさまざまな語形変化を考慮に入れたものである。この二つのうち，(b)「であります」の場合は，近世においてその形がそれほど一般的なものではなく，(a) の立場が妥当なものとされる。

(c) は，狂言などに伝承されている「候」の変化形「す」（「てす」などの形でも用いられる）に基づく「で，す」が，「でえす」などの形とともに伝承されたものとみる立場である。この説に対しては，江戸語の「です」とは異なるものとして扱う見解が多いが，狂言にみられる「で，す」と，江戸時代後期の歌舞伎や男伊達の言葉などにみられる「です」には，位相的な共通性が認められるところから，現在の「です」の発達に関連させてとらえる見解も提出されている（鈴木勝忠[5]，蜂谷清人[10]など）。たしかに，語源を一元的にとらえるのは危険であり，助動詞などの成立，一般化においては，周囲の語のさまざまな影響関係を考慮する必要があるであろう。

デス・マス体が文体として重要な位置を占めているのは，前述したように，

　雨が降っている。　→　雨が降っています。

　これは本だ。　→　これは本です。

のように，聞き手に対してあらたまった形で表現するために必要なものだからである。「デス」の場合，

　これは本でございます。

という最上の丁寧体というべき表現があるが，その表現がいかにもあらたまって聞こえ，もう少し軽い日常的な表現ということになれば，「これは本です」という「デス」による表現に頼らざるをえないであろう。動詞述語文に「ます」，名詞文に「です」という二つの形式により，常体と敬体という，文体的な使い分けが広く行われるに至ったのである。

5. 形容詞につく「デス」

(a) 桜がきれいだ。
(b) 桜が美しい。

この (a) と (b) の表現を丁寧体で表すと，次のようになる。

(c) 桜がきれいです。
(d) 桜が美しいです。

(c) が問題のない表現であるのに対して，(d) はどうだろうか。
　昭和27（1952）年国語審議会建議の「これからの敬語」においては，「7　形容詞と『です』」として次のように記されている。

　これまで久しく問題となっていた形容詞の結び方——たとえば「大きいです」「小さいです」などは，平明・簡素な形として認めてよい。

　こうした考え方に立って，最近ではあまり問題にされなくなってきてはいるが，特に書きことばとしてみると，やや落ち着かないところがあるのも事実であろう。特に，「でしょう」という推量形式の場合や，「ですか」あるいは「ですね」，「ですよ」という形で，「デス」そのものに助詞が接して，全体で終助詞的に用いられる場合にはあまり抵抗がないが，「デス」で終止する場合には，現在の一般的な語感においてもやや違和感が残り，問題とされることがある。
　これは，結局のところ，形容詞に「デス」をつける言い方が，本来のものでないところから生じている問題である。すなわち，

　〈常体〉　　　　　　〈敬体〉
　桜がきれいだ。　　　桜がきれいです。
　桜が美しい。　　　　桜が美しいです。
　＊桜が美しいだ。

のように，形容動詞の場合には常体と敬体の対応関係が成り立っているのに対して，形容詞の場合は対応関係が成り立たないのである。しかしながら，形容詞に「です」を接する言い方をしないとすれば，次のような表現をとらざるをえなくなる。

　　桜が美しゅうございます。

　これは最上級の敬体であるため，日常の使用には適さない。「おはようございます」，「ありがとうございます」という形で定着した慣用表現以外では，「ございます」を使用する層は，おのずから限定されてくるからである。したがって，まさに，「これからの敬語」に示されたように，「形容詞＋です」は，「平明・簡素な形」として次第に定着するようになってきたのである。日本語教育の方面でも，基本的な文型として提示しているようである。
　この「桜が美しいです」は，今後，おそらく，ほとんど違和感のない表現形式として，広く認められるようになっていくことであろう。

■ 発展問題

(1) 敬語の体系，分類，特にこの章で述べた素材敬語と対者敬語について，辻村敏樹[8]，菊地康人[3]などを参考に，さまざまな考え方を調べ，整理してみよう。

(2) 「です」の発達は，幕末から明治時代にかけてのことと言われる。特に，終止形「です」のみの時期と，活用形式が揃い，「でしょう」という推量表現や「でした」という過去の表現などが発達した時期とは分けてとらえなければならない。辻村[7]などで，その発達の概略をとらえてみよう。

(3) デス・マス体の使用は，必ずしも聞き手が話し手よりも上位者の場合だけに限らない。実際の言語生活において，デス・マス体が使われる状況にはどのような場合があるか，考えてみよう。

(4) (a) きのうは楽しかった。
　　という形容詞の過去形に対して，その敬体の表現として，次のような言い方

がある。
(b) きのうは楽しかったです。
(c) きのうは楽しいでした。
形容詞につく「です」と同様な観点から，その適否や「た」と「です」の接続の関係について考えてみよう（辻村[6]など参照）。

■ 参考文献

1) 淺川哲也「形容詞承接の『です』について―形容詞述語文丁寧体の変遷―」（『国学院雑誌』100巻5号，1999）
2) 蒲谷　宏・川口義一・坂本　恵『敬語表現』（大修館書店，1998）
3) 菊地康人『敬語』（角川書店，1994：講談社学術文庫，1997）
4) 小林賢次『狂言台本を主資料とする中世語彙語法の研究』（勉誠出版，2000）
5) 鈴木勝忠「雑俳ノート『です』」（『国語と国文学』37巻9号，1960））
6) 辻村敏樹「形容詞と敬語―面白かったです・面白いでした―」（『口語文法講座3』明治書院，1964：『現代の敬語』共文社，1967所収）
7) 辻村敏樹『敬語の史的研究』（東京堂出版，1968）
8) 辻村敏樹『講座国語史5　敬語史』（大修館書店，1971）
9) 中村通夫『東京語の性格』（川田書房，1948）
10) 蜂谷清人『狂言の国語史的研究―流動の諸相―』明治書院，1998）
11) 宮地幸一『ます源流考』（桜楓社，1981）
12) 宮地　裕「現代敬語の一考察」（『国語学』72集，1968：『文論』明治書院，1971所収）
13) 森岡健二編著『近代語の成立　文体編』（明治書院，1991）
14) 山口仲美編『文章・文体（論集日本語研究8）』（有精堂，1979）
15) 山本正秀『言文一致の歴史論考（正・続）』（桜楓社，1971，1981）
16) 吉川泰雄『近代語誌』（角川書店，1977）

索　　引

欧　文

connotation　106
denotation　106

あ　行

芥川龍之介　90
アタマ　94
『天草本エソポ物語』　46, 62
『天草本ヘイケ物語』　7, 46, 144
「あめつちの詞」　3
誤った語源意識　87
『あゆひ抄』　12, 66
「あらず」　66
　　──から「なし」への交替現
　　　象　71
「あり」,「なし」の機能と分類
　　67

言い切る語調　20
「言う」の尊敬表現　134
石垣謙二　39
已然形　49
「已然形」から「仮定形」へ
　　54
「已然形＋ド（モ）」　55
異分析　121
意味の拡大　108
意味の価値・評価の変化　107,
　　108
意味の下落　108
意味の縮小　108
意味の上昇　108
意味の転換　108
意味変化の型　107
意味領域の変化　108

「いらっしゃる」　134
　　──の成立と発達　137
「いわぬばかり」　83
「いろは歌」　2
院政・鎌倉時代　2

打消推量　29

江戸時代の文法研究　50
婉曲的推量　29

大蔵虎明本　98, 120, 136, 144
大蔵虎寛本　84, 120
「仰せある」　135
「仰せらる（る）」　135
『奥の細道』　102
「おぢゃる」　144
「おっしゃる」　134
　　──の成立　135
オツム　94
「おりゃる」　144
音義書　3

か　行

「が」　38, 39, 44
「カイサマ櫓」　118
係助詞の機能のとらえ直し　24
係り結び　18
　　──の表現価値　19
　　──の崩壊　19, 56
『覚一本平家物語』　7
確信的な推量判断　35
格表示の発達　5
過去推量　29
カシラ　94
活用形の機能の変化　20

仮定形　49
仮定条件　52
仮定の逆説条件　47
河竹黙阿弥　114
漢文訓読文における推量表現
　　33
慣用句　133
完了性の仮定　54
既定の逆説条件　47

疑問　20
義門　50
逆接条件の表現　55
逆接の接続助詞　38
『狂言記』　63, 136
狂言台本　46, 76, 144
狂言のことば　6
狂言の伝承　63
強調　22
キリシタン文献　6, 76
『近世文学総索引』（教育社）
　　85
近接的意味への転換　108
近代語　1
　　──における「ヌバカリ」,
　　　「ンバカリ」など　88

偶然確定条件　52
『口遊』　4
クビ　94

敬意の漸減　145
敬語の分類　142
形状性名詞句　40
形状性用言　40
形容詞につく「デス」　148

索引

形容詞の否定表現　66
「形容詞連用形＋ハ」　62
結合力の弛緩　45
「蹴る」　15
原因・理由の表現　55
言語変化の外的要因　19
言語変化の内的要因　19
現在推量　29
現在や過去の事態の推量　32
「現実仮定」　61
『源氏物語』　70
『源氏物語』桐壺の「が」　38, 39
『現代国語例解辞典』（小学館）　80
現代語の活用体系　11
現代語文法　49

小池清治　13
語彙的な尊敬語　134
『広辞苑』（岩波書店）　81, 102
恒常条件　52
コウベ　94
呼応　22
誤解　133
「語感」　106
国語辞典の記述　80
「国語に関する世論調査」（文化庁）　133
「ございない」　144
「ござらぬ」　144
「ござりまする」　146
古代語　1
　──から近代語へ　2
　──の活用体系　11
　──の推量の助動詞　28
古典文法　49
　──における「已然形＋バ」　53
　──における「未然形＋バ」　53
事柄の列挙　130
小西甚一　113

語の意味の変化　104
此島正年　81
「語のニュアンス」　106
誤用　132
「これからの敬語」（文部省）　148
混淆（コンタミネーション）　121
『金光明最勝王経音義』　3
『今昔物語集』　73

さ 行

「ざあ」　58
西鶴浮世草子　85
最上の丁寧体　147
佐伯梅友　66
（サ）シャル敬語　139
『作家用語索引』（教育社）　88
「さにはあらず」　72
「さもさうず」　72
「サモナイト」　76
「サモナケレバ」　76
「さもなし」　72
作用性名詞句　40
作用性用言反撥の法則　41

志賀直哉　90
時間的なつながり　126
指示　20, 22
シネステジア　113
「詞の敬語」　142
「辞の敬語」　142
「終止形＋トモ」　55
終止形と連体形の機能差　21
終止形・連体形の合一化　19
主格形式第一類　40
主格形式第二類　40
主格形式第三類　40
主格の格助詞　39
順序性　126
順接仮定条件を表す形式　52
順接の「ト」　53
条件表現の分類と用法　51

上代・中古における「あらず」、「なし」の用法　67
上代特殊仮名遣い　2, 51
常体と敬体　147
上代の「ずは」の解釈　59
抄物　6, 76
身体語彙　95

ズ（頭）　94
推量と意志　29
推量表現　33
鈴木勝忠　147
「……ずと言ふばかり」　87
「ずは」から「ずば」へ　63

接続「が」助詞を識別する基準　41
接続形式第1類　42
接続形式第2類　42
接続形式第3類　42
接続形式第4類　42
接続形式第5類　42
接続形式第6類　42
接続詞　133
接続助詞「が」　39
　──の発生の時期　43
前件と後件の緊密度（性）　38, 41, 44
「全然」　124

「候」の変化形「す」　147
素材敬語　142
「そして」　124
ゾ体の聞書き抄物　6

た 行

『大辞泉』（小学館）　102
対者敬語　142
『大辞林』（三省堂）　102
卓立・強調　20
太宰 治　90
田中章夫　8
「旅」　102

――の類義語　109
「たゐにの歌」　3

『近松全集』　118
近松門左衛門　136
中古和文における補助用言「なし」　69
陳述　20

辻村敏樹　142
『堤中納言物語』　71
坪井美樹　13
鶴屋南北　114

丁重語　143
丁寧表現の発達過程　142
丁寧表現の歴史　143
「デ―（助詞）―ナイ」　77
デス・マス体　142
　　　　――の成立と発達　147

当為・適当表現　33
当為表現　35
同音衝突　91, 121
同格の格助詞　39
「動詞未然形＋ン＋バカリ」　80
当然的推量　29
頭部　94
　　　　――全体の形状　95
　　　　――をさすことばの消長　95
時枝誠記　142
『土左日記』　71

な　行

「ナイバカリ」　82
夏目漱石　88
「靡」　12
「靡伏」　12
「ナリ」から「ダ」への移行　78

二重敬語　145
「ニ―（助詞）―アラズ」　74, 77

「ニ―（助詞）―ナイ」　77
二段活用の一段化　14
『日葡辞書』　106, 117
『日本言語地図』（国立国語研究所）　98
『日本国語大辞典』（小学館）　30, 34, 81, 94, 113
日本語史の時代区分　1
日本古典文学大系（岩波書店）　113
『日本文法大辞典』　81

「ヌバカリ」　82
　　　　――など諸形式の成立と発達　83

は　行

橋本進吉　59
蜂谷清人　147
「バ」の基本的な意味　53
反実仮想専用の形式　33

非完了性の仮定　54
非存在の概念　69
必然確定条件　52
否定判断　69
比喩的転換　108
比喩的な転義用法　96
表現価値にかかわる語　100

副次的意味　106
含み　20
富士谷成章　12, 66
プロミネンス　22
分析的傾向の発達　8, 32

『平家物語』　72
「べからず」　35, 74
「べくもあらず」　74
「べくもなし」　74
「べし」　34

『邦訳日葡辞書』（岩波書店）　106

補助的用法の萌芽　68
補助用言化　70
補助用言としての「なし」　69
翻訳調　125, 131
　　　　――の影響　125

マ　行

「まし」　33
「まじ」　34
「マッカイサマ」　113, 115, 116
「マッカイナ（ニ）」　115
　　　　――の成立と意味の変容　118
「まっかいな嘘」　113
「真っ赤な嘘」　112, 113
「まらする」　145
　　　　――から「まする」への推移　145
『万葉集』　68

未然形　50
身近な表現の探究　132
源　順　3
『源順集』　4
源　為憲　4
宮地敦子　97

「ム＞ン」,「ヌ＞ン」の変化による同音衝突　90

『明鏡国語辞典』（大修館）　81
「名詞A，名詞Bそして名詞C」　126
明示的意味　106
名詞を列挙する用法　131
「めり」　33

本居宣長　24
森　鷗外　90

や　行

山内洋一郎　13, 14
山口堯二　61

山口佳紀　61
山田忠雄　118
山西正子　139
柔らかみのある表現　20

湯沢幸吉郎　81, 137

吉川泰雄　64, 147

余情のある表現　20
「装図」　12
四段型への合流　137

ら行

列挙　127
連体形終止の表現価値　19
連体形終止法　20

――の発達　13
連体形の終止形同化　24
連体形の単独用法　25

わ行

『倭名類聚抄』　97

「ンバカリ」の解釈　81

著者略歴

小 林 賢 次 (こ ばやし けん じ)
(1, 2, 4, 6〜10, 12, 14, 15章担当)
1943年　群馬県に生まれ，新潟県で育つ
1970年　東京教育大学大学院博士課程
　　　　退学
現　在　京都女子大学文学部教授
　　　　東京都立大学名誉教授
　　　　博士（文学）

梅 林 博 人 (うめ ばやし ひろ ひと)
(3, 5, 11, 13章担当)
1961年　愛知県に生まれ，静岡県で育つ
1993年　東京都立大学大学院博士課程
　　　　単位修得退学
現　在　相模女子大学学芸学部教授
　　　　修士（文学）

シリーズ〈日本語探究法〉8
日本語史探究法　　　　　　　　　　定価はカバーに表示

2005年2月20日　初版第1刷
2016年5月25日　　　第5刷

　　　　　　　　　　著　者　小　林　賢　次
　　　　　　　　　　　　　　梅　林　博　人
　　　　　　　　　　発行者　朝　倉　誠　造
　　　　　　　　　　発行所　株式会社 朝　倉　書　店
　　　　　　　　　　　　　　東京都新宿区新小川町6–29
　　　　　　　　　　　　　　郵　便　番　号　162–8707
　　　　　　　　　　　　　　電　話　03(3260)0141
　　　　　　　　　　　　　　ＦＡＸ　03(3260)0180
　　　　　　　　　　　　　　http://www.asakura.co.jp

〈検印省略〉

© 2005〈無断複写・転載を禁ず〉　　　　　　　教文堂・渡辺製本

ISBN 978–4–254–51508–4　C 3381　　　　Printed in Japan

JCOPY　<(社)出版者著作権管理機構 委託出版物>
本書の無断複写は著作権法上での例外を除き禁じられています．複写される場合は，
そのつど事前に，(社)出版者著作権管理機構（電話 03-3513-6969，FAX 03-3513-
6979，e-mail: info@jcopy.or.jp）の許諾を得てください．

好評の事典・辞典・ハンドブック

脳科学大事典	甘利俊一ほか 編	B5判 1032頁
視覚情報処理ハンドブック	日本視覚学会 編	B5判 676頁
形の科学百科事典	形の科学会 編	B5判 916頁
紙の文化事典	尾鍋史彦ほか 編	A5判 592頁
科学大博物館	橋本毅彦ほか 監訳	A5判 852頁
人間の許容限界事典	山崎昌廣ほか 編	B5判 1032頁
法則の辞典	山崎 昶 編著	A5判 504頁
オックスフォード科学辞典	山崎 昶 訳	B5判 936頁
カラー図説 理科の辞典	山崎 昶 編訳	A4変判 260頁
デザイン事典	日本デザイン学会 編	B5判 756頁
文化財科学の事典	馬淵久夫ほか 編	A5判 536頁
感情と思考の科学事典	北村英哉ほか 編	A5判 484頁
祭り・芸能・行事大辞典	小島美子ほか 監修	B5判 2228頁
言語の事典	中島平三 編	B5判 760頁
王朝文化辞典	山口明穂ほか 編	B5判 616頁
計量国語学事典	計量国語学会 編	A5判 448頁
現代心理学［理論］事典	中島義明 編	A5判 836頁
心理学総合事典	佐藤達也ほか 編	B5判 792頁
郷土史大辞典	歴史学会 編	B5判 1972頁
日本古代史事典	阿部 猛 編	A5判 768頁
日本中世史事典	阿部 猛ほか 編	A5判 920頁

価格・概要等は小社ホームページをご覧ください．